Erwartungsmanagement in Projekten

Sabrina Lange

Erwartungsmanagement in Projekten

Erfolgreiche Methoden und Fallbeispiele –
nicht nur für IT-Projekte

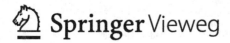 Springer Vieweg

Sabrina Lange
Zühlke Engineering AG
Schlieren, Schweiz

ISBN 978-3-658-15614-5   ISBN 978-3-658-15615-2 (eBook)
DOI 10.1007/978-3-658-15615-2

Die Deutsche Nationalbibliothek verzeichnet diese Publikation in der Deutschen Nationalbibliografie; detaillierte
bibliografische Daten sind im Internet über http://dnb.d-nb.de abrufbar.

Springer Vieweg
© Springer Fachmedien Wiesbaden GmbH 2016

Gedruckt auf säurefreiem und chlorfrei gebleichtem Papier

Springer Vieweg ist Teil von Springer Nature
Die eingetragene Gesellschaft ist Springer Fachmedien Wiesbaden GmbH
Die Anschrift der Gesellschaft ist: Abraham-Lincoln-Strasse 46, 65189 Wiesbaden, Germany

Geleitworte

Erwartungen umgeben uns in allen Projekt- und Alltagssituationen. Mir hat es sehr gefallen, die Diskussion dazu in einer realistischen, lebens- wie auch projektnahen Aufarbeitung wieder zu finden – und das alles unterhaltsam geschrieben. In jedem Alter, in jeder Situation ist man mit Erwartungen konfrontiert. Sich – gerade in kritischen Situationen – diese bewusst zu machen, zu reflektieren und mit etwas Abstand zu analysieren bringt eine Ruhe hinein, die für lösungsorientierte Entscheidungen genutzt werden kann. Ich habe einiges an „Remindern", neuen Erkenntnissen und Tipps für die Praxis mitgenommen, vielen Dank dafür. Und ja, ich habe mehr als einmal die Lektüre beiseitegelegt, um kurz mich oder vergangene Situationen zu reflektieren. Genau darum geht es doch eigentlich.

Nadja Ulrich, Advanced Data Scientist

Ein wirklich wichtiges und spannendes Thema im Projektmanagement wird von Sabrina Lange aufgegriffen und gekonnt analysiert. Erwartungen im Projektmanagement werden vielfach unterschätzt, so sind diese doch vielschichtig und für den Projekterfolg ein essenzieller Bestandteil. Entsprechend wichtig ist es für den Projektmanager aber auch für jeden einzelnen Projekt Mitarbeiter sich erstens dieser Erwartungen bewusst zu werden und zweitens diese bestmöglich mit den Projektzielen zu assoziieren. Mit diesem Buch hat es Sabrina Lange geschafft, die Erwartungen im Projektmanagement von verschiedenen Seiten zu durchleuchten und diese verständlich und strukturiert aufzuzeigen. Dank interessanten Vergleichen und Referenzen, welche man nicht in einem Projektmanagement-Buch erwarten würde, liest sich das Buch wie ein guter Roman und motiviert zudem, sich mit weiteren Themen und Lektüren auseinander zu setzen.

Eine echte Hilfe für jeden Projektleiter und Projektmitarbeiter, die sich schon mal mit der Frage „was wird denn nun von mir erwartet" konfrontiert sahen.

Theo Tinner, Senior Project Manager

Die Abhandlung trifft den Kern der heutigen Herausforderungen. Die Komplexität der Projekte und die immer schneller sich ändernden Märkte, bedingt durch Wünsche unserer Kunden, ist Tatsache. Begleitend dazu führt die Digitalisierung zu einer weiteren Dimension unseres Wirtschaftslebens. Dieses Buch beschreibt Situationen aus der Praxis und mögliche Hilfestellungen und Lösungen. Eine erfrischende Lektüre in verdaubaren Einheiten. Klasse – das Buch ist gelungen.

Karl Klein, Geschäftsführer

Ein Projekt ist erfolgreich, wenn es „in scope", „in time" und „in budget" abgeschlossen wird – doch sind diese drei Messlatten im Grunde nichts anderes als schriftliche festgehaltene Erwartungen? Überraschend breit abgestützt und auf humorvolle Art führt Sabrina Lange zum Kern des Erwartungsmanagements. Die amüsanten Geschichten der fiktiven Projektleiterin Monika rufen eigene Situationen in Erinnerung, über die man aus Distanz nur schmunzeln kann. Ein sehr gut geeignetes Buch, um Erwartungen zu reflektieren und bewusster wahrzunehmen.

Martin Habicht, Senior Project Manager

Motivation

Als ich mich mit Komplexität im Projektmanagement beschäftigt habe, bin ich immer wieder auf das Thema „Erwartungen" gestoßen. Damals habe ich mein erstes Buch verfasst und kam dabei mit unterschiedlichen Erwartungen in Berührung. Mein Umfeld stellte Erwartungen an mich – als Fachperson, Kollegin und Autorin. Das Buch sollte spannend zu lesen sein, neue Erkenntnisse vermitteln und Lösungen für aktuelle Fragestellungen in den unterschiedlichen Projekten liefern. Ich stellte Erwartungen an den Verlag, umgekehrt hatte der Verlag Erwartungen an mich.

Auch als wir im Team Diskussionen zu dem Thema Komplexität geführt haben, sind wir immer wieder in den Bereich „Erwartungsmanagement" abgedriftet. Auf diese Art und Weise wurde ich sensibilisiert für Erwartungen. Und wie es so ist, wenn man sich mit einem Thema beschäftigt, traten ab dem Moment viele Situationen und Momente in den Vordergrund, die mit meinen eigenen oder fremden Erwartungen zu tun hatten. Ich wurde mir plötzlich meiner Erwartungen im privaten Umfeld oder an Kollegen bewusst. So hatte ich bei gewissen Familienmitgliedern die Erwartung, dass ich von ihnen aktiv über Neuigkeiten informiert werde. Schließlich bin ich ja die (Schwieger-) Tochter. Bei der Arbeit hatte ich aufgrund der Position eines Kollegen implizit eine Erwartung an sein Verhalten und ärgerte mich dann, wenn meine Erwartung nicht erfüllt wurde. *„In so einer Position sollte man meinen, dass jemand von sich aus…".* Mir fielen Erwartungen auf, die andere Mitarbeiter gegenseitig aneinander hatten, ohne dass sie ihre Erwartungen mitteilten. Dadurch kam natürlich Unzufriedenheit auf, weil die nicht ausgesprochenen Erwartungen meistens auch nicht erfüllt wurden. Das alles hat mich dazu bewogen, mich intensiver mit dem Thema „Erwartungen im Projektmanagement" zu beschäftigen.

Die Aktualität des Themas „Erwartungen" und der damit verbundene Einfluss auf den Projekterfolg liegen auf der Hand und sind aktueller denn je. In einer Analyse, die die Gründe des Scheiterns von Projekten untersucht, wird auf Platz acht ein „unzureichendes Erwartungsmanagement" genannt. (Symonds, 2011). Ein weiteres Argument, sich mit dem Thema zu beschäftigen, liefert Thomas Algermissen:

„Ein Umfeld, welches von latenten, impliziten Erwartungen geprägt ist, führt zu einem permanent ablaufenden „Hintergrundprozess" zur Entschlüsselung der Erwartungen des anderen. Dies zieht viel Energie ab und erzeugt einen Zustand der Unsicherheit. Darüber hinaus geht viel Energie verloren in der Erfüllung von Erwartungen, die niemals bestanden haben." (Algermissen, 2013)

Besonders in der heutigen Gesellschaft, in der die wertvollste Ressource die eigene Zeit ist, müssen wir versuchen, diese sinnvoll einzusetzen. Angesichts der hohen Burn-out-Rate, der wir heute begegnen, ist es extrem wichtig, dass wir unsere Energie und knappe Zeit möglichst effizient einsetzen. Für mich ist eines der unbefriedigtsten Gefühle, wenn ich auf meine getane Arbeit zurückschaue und denke: „Das hättest du dir sparen und besser etwas Sinnvolleres machen können". Dr. Claude Heini hat bestimmt Recht, wenn er sagt: „Erwartungen sind Annahmen darüber, worauf andere warten" (Heini, 2014). Umso mehr muss ich immer wieder für mich prüfen, ob die Erwartungen, die ich zu erfüllen versuche, real sind, oder ob ich diese konstruiert habe. Wartet wirklich jemand darauf, dass ich so agiere oder rede ich mir das nur ein.

Sicher fallen mir die Erwartungen, die andere an mich haben, am schnellsten auf. Besonders dann, wenn ich spüre, dass ich sie nicht erfüllen kann und es zu unangenehmen Gesprächen kommt. Geht es Ihnen nicht auch manchmal so, dass Sie denken: *„Was erwartet mein Chef eigentlich tatsächlich von mir? Wieder habe ich nicht das geliefert, was er wollte. Woher hätte ich denn auch wissen sollen, dass...".* Erwartungen gehen aber noch weiter als nur das, was mein Chef gerne hätte und ich (nicht immer genauso) liefere. Erwartungen betreffen in erster Linie das Verhalten von mir und meinen Mitmenschen. Aus diesem Verhalten resultieren Ergebnisse. Jeder hat eine gewisse Vorstellung (Erwartung) davon, wie ein Ergebnis aussehen soll, wie vorgegangen werden soll oder wie sich ein Kollege in einer gewissen Situation zu verhalten hat. Somit zieht sich das Thema so stark durch das komplette Projekt und den Projektalltag, dass Aussagen im Raum stehen könnten wie: „Wenn der Projektleiter die verschiedenen Erwartungen innerhalb seines Projektes im Griff hat, hat er automatisch weniger Konflikte." Eine gewagte These, der ich gerne auf den Grund gehen möchte, um zu schauen, wie viel Wahrheit in der Aussage tatsächlich steckt.

Welche Kraft in Erwartungen steckt, wusste schon Charles Dickens, als er seinen Roman „Große Erwartungen" schrieb (Dickens, 1861). In dem Roman geht es darum, dass der Glaube und die Erwartungen anderer aus einem Waisenjungen einen Gentleman werden lassen. Also lassen Sie uns große Erwartungen haben, wenn wir uns mit dem Thema beschäftigen, auf das wir viele gute Ansätze für unseren Projektalltag finden und diese auch anwenden können. So werden wir zum einen Konflikte reduzieren und zum anderen unsere Energien besser nutzen können.

Inhaltsverzeichnis

Abbildungsverzeichnis

Tabellenverzeichnis

Einleitung

1

Zusammenfassung

In diesem Abschnitt werde ich darauf eingehen, warum das Thema Erwartungen gerade heute eine wichtige Bedeutung hat, nicht nur im privaten Umfeld, sondern besonders auch in Projekten. Neben der Erläuterung, was hinter der Idee dieses Buches steckt, werde ich Aufbau und Inhalt kurz darstellen und aufführen, an wen sich das Buch richtet.

1.1 Für wen ist dieses Buch gedacht?

Erwartungen begegnen wir immer, sobald wir mit Menschen zu tun haben. Kinder haben Erwartungen an ihre Eltern, Eltern an die Lehrer, Lehrer an den Staat, der Staat an die Bevölkerung. Das Spiel kann beliebig fortgesetzt werden, auch mit Freunden oder Nachbarn. An dieser Stelle soll es jedoch gezielt um die Erwartungen und den Umgang damit im Zusammenhang mit IT-Projekten gehen. Damit richtet sich das Buch in erster Linie an Projektleiter, Auftraggeber, Stakeholder, Projektmitarbeiter und eben alle im Projektumfeld, die sich dafür interessieren, wie es sein kann, dass ein Projekt alle Ziele erreicht hat, und dennoch nicht erfolgreich ist.

Zudem werden hier Umgangsformen und Methoden beschrieben, die auch für Leiter von Kleingruppen, Ausbilder, Eltern oder andere Personen, sowohl privat als auch beruflich, Anwendung finden können.

1.2 Die Idee

Bei Workshops habe ich schon oft folgendes Phänomen erlebt. Auch wenn jeder zu Beginn eines Workshops seine Erwartungen an den Tag legte, ging doch am Ende vom Tag der ein oder andere enttäuscht nach Hause. Wie kann das sein, nachdem doch alle zuvor

© Springer Fachmedien Wiesbaden GmbH 2016
S. Lange, *Erwartungsmanagement in Projekten*,
DOI 10.1007/978-3-658-15615-2_1

gesammelten Erwartungen erfüllt wurden? Dieses Phänomen erlebe ich nicht nur, wenn ich einen Workshop selbst durchführe, sondern auch bei mir, wenn ich selbst Teilnehmerin bin. Ich schreibe pflichtbewusst auf, was ich von dem Seminar erwarte, und obwohl alles zutrifft, gehe ich doch manchmal aus einem Kurs und frage mich, ob sich der Tag gelohnt hat. Oder ein anderes Beispiel: Ein Großprojekt, das über längere Zeit lief, kann nun endlich abgeschlossen werden. Alle Lieferobjekte wurden erstellt und abgenommen. Die damals festgelegten Ziele sind erreicht. Trotzdem gilt das Projekt als nicht erfolgreich. Warum ist das so? Scheinbar gab es vom Auftraggeber noch andere Erwartungen an das Projekt, als „nur" den definierten Umfang in Time & Budget zu liefern. Diese zusätzlichen Erwartungen waren aber nirgends niedergeschrieben und auch nicht allen bekannt. Zumindest nicht während der Projektlaufzeit. Im Anschluss an das Projekt kristallisierte sich in diversen Gesprächen immer mehr heraus, was Grund für die Unzufriedenheit war. Dieses Erlebnis hat mich dazu bewegt, mich etwas genauer mit dem Thema auseinanderzusetzen. Und ich muss feststellen, dass es zahlreiche Beispiele im Projektalltag gibt, die in eine ähnliche Richtung weisen. Schließlich scheint es doch immer wieder auf ein und dasselbe Thema zurückzufallen: unerfüllte Erwartungen aufgrund unbekannter Erwartungen.

In diesem Buch soll etwas genauer beleuchtet werden, warum Erwartungen so oft unerfüllt bleiben und woran das liegen kann. Des Weiteren sollen aber auch Möglichkeiten aufgezeigt werden, wie Erwartungen rechtzeitig aufgedeckt und gemanagt werden können. Darüber hinaus wird dargelegt, was passieren kann, wenn Erwartungen eben nicht gemanagt werden. Etwas theoretisches Hintergrundwissen soll zudem erklären, was Erwartungen sind und wie sie gebildet werden. Denn nur, was ich verstehe, kann ich auch managen.

1.3   Der Aufbau

Zu Beginn wurde die Idee hinter dem Buch beschrieben und wie ich zu dem Thema kam (vgl. Kap. 1).

Im zweiten Kapitel (vgl. Kap. 2) geht es darum, einige Begriffe, die im Kontext von Erwartungen verwendet werden, anzuschauen und zu definieren. Die Begriffe werden dann in den Zusammenhang mit Erwartungen gesetzt und voneinander differenziert.

Danach schaffe ich eine theoretische Grundlage, wie Erwartungen klassifiziert werden und was für Merkmale sie haben (vgl. Kap. 3). Auf diese Klassifizierung wird im weiteren Verlauf des Buches immer wieder eingegangen und die Beispiele entsprechend zugeordnet.

Nach der Theorie folgen Beispiele aus der Praxis. Dazu schauen wir vier Dimensionen an, denen wir täglich im Projektalltag begegnen. Anhand von Erfahrungen wird diskutiert, welche Erwartungen auftreten können, wie diese zu erkennen sind und welche Methoden es für den Umgang mit diesen Erwartungen gibt. Ich zeige aber auch auf, was passieren kann, wenn Erwartungen nicht erfüllt werden und wie damit umgegangen werden kann (vgl. Kap. 4).

Abgerundet wird das Ganze durch das nachfolgende Kapitel (Kap. 5), in dem es darum geht, zu verstehen, woher Erwartungen eigentlich kommen und wie sie entstehen. Wenn man versteht, wie etwas funktioniert, fällt es einem leichter, damit umzugehen.

Es schließt sich dann das nächste Kapitel (Kap. 6) an, in dem aufgezeigt wird, welche Möglichkeiten es für einen gezielten Umgang mit Erwartungen gibt. Mit den Methoden soll es Ihnen als Leser leichter fallen, Erwartungen zu steuern und Einfluss darauf zu nehmen, wie die Erwartungen anderer sind.

Zu guter Letzt gibt es noch eine Zusammenfassung der vorherigen Kapitel (vgl. Kap. 7) und ein kurzes Fazit (vgl. Kap. 8).

1.4   Ganzheitliches Erwartungsmanagement

Warum sollten Sie sich überhaupt gesondert mit Erwartungen beschäftigen? Es gibt genug bestehende Projektmanagementdisziplinen, die den Punkt „Erwartungen" bereits automatisch abdecken (sollten). Ich denke da an Stakeholdermanagement, Requirements Engineering oder andere. Ist das Thema Erwartungsmanagement damit nur ein neuer Begriff für etwas, das wir bereits seit Jahren machen?

Nehmen wir zum Beispiel die **Auftragsverhandlung**. Hier werden zu Beginn des Projektes alle Ziele und Nichtziele definiert. Allerdings schauen die wenigsten im Verlauf des Projektes gezielt über die Ziele und Nichtziele, um diese noch zu überprüfen, geschweige denn, dass diese erneut diskutiert und angepasst werden (Ausnahmen bestätigen auch hier die Regel.). Es ist demnach oftmals eine einmalige Sache. Und wie viele Erwartungen sind schon zu Beginn des Projektes klar? Die meisten entwickeln sich erst im Laufe der Zeit. Ich denke da an wachsende Erwartungen der Kunden, wenn die Rede von der neuen Portaltechnik ist. Alles wird flexibel und konfigurierbar. Da werden schnell Erwartungen wach in Bezug auf kostengünstigere Projekte, schnellere Anpassungen und so weiter. Solche Erwartungen werden nicht durch die Auftragsklärung abgedeckt. Wem Portale nur aus Filmen wie Star Wars bekannt sind oder überhaupt nichts sagen, der kennt bestimmt alltägliche Beispiele aus der Werbung. Wenn beispielsweise in der Villarriba wieder gefeiert wird, während sie in Villabajo noch Pfannen schrubben, dann freue ich mich schon jetzt darauf, abends eine halbe Stunde beim Spülen mit dem Wundermittel von Villarriba zu sparen. Soviel also zu geweckten Erwartungen.

Im **Requirements Engineering** werden alle Anforderungen ermittelt und festgehalten, nach Möglichkeit auch die impliziten. Diese Erwartungen beziehen sich jedoch in erster Linie auf Lieferergebnisse. Sie können in Pflichtenhefte oder User Storys niedergeschrieben werden. Erwartungen gegenüber anderen, beispielsweise an ihr Verhalten, die Arbeitsweise bestimmter Personen, das implizite Voraussetzen von Tätigkeiten, die im Projekt erledigt werden müssen und nicht in der Linienorganisation, um nur ein paar mögliche Erwartungen zu nennen, werden hier jedoch nicht berücksichtigt.

Dann gibt es noch das **Stakeholdermanagement**, bei dem die Interessen der beteiligten Personen gemanagt werden. Das deckt schon eher das Thema Erwartungen ab. Aber auch hier stehen meistens die Ergebnisse im Vordergrund sowie der Einfluss und das Interesse der Projektteilnehmer. Welche Erwartungen die Personen aber an mich als Projektleiter oder an andere Projektmitarbeiter haben, fällt leider oft unter den Stuhl. Neben den Erwartungen, die andere an mich und/oder an andere haben, gibt es aber noch Erwartungen, die man selbst hat. Diese werden hier nicht berücksichtigt.

So wie Erwartungsmanagement kein neuer Begriff ist, kennen Sie vermutlich manche der genannten Aspekte von Erwartungen bereits und gehen in Ihren Projekten erfolgreich darauf ein. Aber eben nur auf einige Aspekte. Nach dem Lesen dieses Buches haben Sie eine größere Sensibilität für die vielen weiteren unterschiedlichen Erwartungen in Ihrem Projekt – und kennen Methoden, um diese Erwartungen zu identifizieren und mit ihnen umzugehen. Nicht der Begriff Erwartung ist neu, sondern der hier beschriebene Ansatz der ganzheitlichen Betrachtung dieses Themas. Denn Erwartungsmanagement ist mehr als Auftrag, Anforderungen und Stakeholdermanagement: Versuchen Sie es und begeistern Sie alle in Ihrem Projekt!

1.5   Warum spielen Erwartungen im Projektalltag eine Rolle

Immer, wenn Menschen im Spiel sind, bildet sich ein komplexes System. Und zwar, weil jeder seine Erwartungen hat, bewusst oder unbewusst, und diese Erwartungshaltung Einfluss auf das jeweilige Verhalten hat.

Ego-Taktiker

Mit Sicherheit gibt es viele übergreifende Aspekte in den unterschiedlichen Bereichen des Projektmanagements. Ich mache auch die Erfahrung, dass heute die einzelne Person mit ihren Bedürfnissen, Zielen und Verhaltensweisen viel mehr im Vordergrund steht als noch vor ein paar Jahren. Soziologen sprechen hier vom sogenannten „Ego-Taktiker". 2002 wurde die Shell-Jugendstudie veröffentlicht, in der der Jugendforscher Klaus Hurrelmann den Begriff „Ego-Taktiker" geprägt hat. Er meint damit eine Generation, die sich alle Möglichkeiten offen hält und dabei nach dem persönlichen Nutzen fragt (Hurrelmann 2002, S. 33). Damit bestimmen die eigenen Erwartungen immer mehr das Handeln und Verhalten der Menschen. Aus diesem Grund muss den Erwartungen nun mehr Platz eingeräumt werden, um sich mit ihnen zu beschäftigen. Ansonsten kann es passieren, dass unsere Teammitglieder ihre Drohung wahr machen: „Und wenn es uns nicht passt, dann ziehen wir weiter." (Scholz 2014, S. 113)

An dieser Stelle möchte ich einen kleinen Exkurs zu dem Thema Generationen machen.

Nehmen wir ein durchschnittliches Projekt mit 10 Mitarbeitern. In der Regel wird sich dieses Projekt aus mindestens zwei, oftmals auch aus drei unterschiedlichen Generationen zusammensetzen. Und wenn diese Generationen nicht gleich im Kernteam aufeinandertreffen, so mit Sicherheit durch das nähere Umfeld in Form von Auftraggeber, Endkunde oder sonstigen Stakeholdern. Jede Generation ist geprägt von der jeweiligen Zeit, in der

Tab. 1.1 Generationenübersicht (Scholz 2014, S. 38)

Bezeichnung	Jahrgang	Merkmale
Matures	1933–1945	Recht und Ordnung, harte Arbeitt
Boomers	1946–1964	Idealismus, Selbsterfüllung
Gen X/Golf	1965–1976	Skeptizismus, Perspektivenlosigkeit
Gen Y	1977–1998	Optimismus, Leistungsbereitschaft
Gen Z	1999–2010	Realismus, Flatterhaftigkeit

sie aufgewachsen ist. Diese Zeit hat somit Einfluss auf die Grundeinstellung der Person, auf deren Verhalten und eben auf deren Erwartungen an das eigene Leben, den Beruf, die Mitmenschen und die Gesellschaft. In der nachfolgenden Tabelle sind die Generationen mit ihren wesentlichen Merkmalen aufgelistet, denen wir heute in unseren Projekten, aber natürlich auch im Alltag begegnen (vgl. Tab. 1.1).

Sicher ist die Darstellung sehr vereinfacht. Es gibt zahlreiche Literatur, die sich mit den Wesenszügen der jeweiligen Generation beschäftigt und sie gegenüberstellt. Ich möchte an dieser Stelle nur darauf eingehen, dass jede Generation einen anderen Fokus hat. Gerade wenn Sie in einem Projekt unterwegs sind, in dem mehrere Generationen beteiligt sind, sollten Sie sich dessen bewusst sein und darauf achten, dass Personen der Generation X wahrscheinlich von Grund auf andere Erwartungen an Sie haben, als Personen der Generation Z. Wahrscheinlich begeistere ich einen Kollegen der Generation Z leichter für ein neues Vorhaben als eine Person der Generation X. Sicherlich ist das zum Teil auf Vorurteilen begründet und mit Klischees behaftet. Aber wie bei allen Vorurteilen und Klischees ist auch hier etwas Wahrheit mit im Spiel.

Literatur

Hurrelmann, K. (2002). *Jugend 2002. 14. Shell Jugendstudie.* Fischer Taschenbuch Verlag.
Scholz, C. (2014). *Generation Z: Wie sie tickt, was sie verändert und warum sie uns alle ansteckt.* Weinheim: Wiley-VCH.

Terminologie

2

Zusammenfassung

In diesem Kapitel definiere ich einige Begriffe, die im Zusammenhang mit Erwartungen immer wieder genannt werden. Aus diesem Grund ist es wichtig, sie unterscheiden zu können. Nach einer jeweils allgemeinen Definition werden sie zueinander in Beziehung gestellt, um ein tieferes Verständnis zu bekommen und sie besser voneinander abgrenzen zu können.

2.1 Begriffsdefinition

Erwartungen

Erwartungen sind Vorstellungen von Ereignissen, die in der Zukunft liegen. Ebenso beeinflussen Erwartungen Denk- und Handlungsziel und nehmen somit Einfluss auf unser Verhalten und Erleben. Das heißt, sie spiegeln sich darin wider, wie wir Situationen und Menschen wahrnehmen. Erwartungen verkörpern, was wir wollen oder hoffen und was wir an künftigen Ereignissen erwarten. Dadurch enthalten sie implizit auch eine Aussage über die Wahrscheinlichkeit, mit der wir rechnen, dass das Vorhergesehene eintritt. Erwartungen können sich beziehen auf:

- das Verhältnis der eigenen Person zum eigenen Verhalten
- das Verhältnis des eigenen Verhaltens auf unmittelbare/mittelbaren Folgen
- die Frage, von wem oder was das Eintreten gewünschter Ereignisse oder Ergebnisse abhängt
- die Frage, was die Ursachen für ein bestimmtes Ergebnis sind

© Springer Fachmedien Wiesbaden GmbH 2016
S. Lange, *Erwartungsmanagement in Projekten,*
DOI 10.1007/978-3-658-15615-2_2

(Weber und Rammsayer 2012, S. 86 f.)

Hier noch eine weitere Definition, die aus meiner Sicht sehr treffend passt:

> „Erwartung ist ein kleiner Bürokrat. Sie hat genaue Vorstellungen, wie die Dinge sein sollten, und ist zutiefst beleidigt, wenn irgendwas nur ein bisschen anders läuft. Das Problem ist, dass niemand die Regeln kennt – sie beschwert sich immer erst hinterher." (Moser 2012)

Diese Beschreibung ist nicht nur durch ihre Personifizierung der Erwartung provokativ, sondern meiner Meinung nach sehr alltagsnah und anschaulich.

Soziale Normen

Soziale Normen (oder auch gesellschaftliche Normen, soziale Skripte) sind mehr oder weniger konkrete Vorschriften, die sich auf das Sozialverhalten der Menschen beziehen und damit mögliche Handlungsformen festlegen. Sie sind abhängig vom sozialen Wandel. Dadurch unterliegen sie einem ständigen Wandel, so wie sich die Gesellschaft ständig in ihrem Sozialverhalten ändert. Aus dem Grund sind sie auch nicht universell einsetzbar oder generell gültig. Sie sind beeinflusst von der Gesellschaft und der jeweiligen Kultur. Somit können diese Normen von Land zu Land oder von Generation zu Generation stark variieren. Wie verbindlich diese Erwartung ist, die eine soziale Norm stellt, kann unterschiedlich sein. Das reicht von einem Gentleman-like („Es wäre schön, er würde mir die Türe aufhalten") über die sogenannten Grauzonen („Darf man am Tisch rülpsen?!") bis hin zu einem Tabu („Es ist nicht deine Aufgabe Selbstjustiz zu verüben"). Neben diesen Normen gibt es noch den anderen, etwas schwammigeren Bereich, nämlich den der „vernunftgemäßen Gewissensprüfung von Handlungen" (Gerrig 2015, S. 655). In dem Zusammenhang spricht man auch gerne vom kategorischen Imperativ (Immanuel Kant). Der Philosoph Paul Lorenzen bestimmt das Adjektiv **„ideal"** als das Anstreben einer Norm, der man nicht vollständig, sondern nur annähernd genügen kann.

Hoffnung

„Hoffnung ist eine zuversichtliche innerliche Ausrichtung, gepaart mit einer positiven Erwartungshaltung, dass etwas Wünschenswertes in der Zukunft eintritt, ohne dass wirkliche Gewissheit darüber besteht. Das kann ein bestimmtes Ereignis sein, aber auch ein grundlegender Zustand wie etwa anhaltende Gesundheit oder finanzielle Absicherung. Hoffnung ist die umfassende emotionale und unter Umständen handlungsleitende Ausrichtung des Menschen auf die Zukunft" (Lange 2015, S. 4). Damit verbinden wir beim Hoffen eher eine geringere Eintrittswahrscheinlichkeit. Zwar reagieren wir auch emotional, wenn unsere Hoffnung sich in Luft auflöst, allerdings sind in dem Fall dann eher Enttäuschung und Trauer im Spiel. Im Vergleich hierzu fallen mir bei nicht erfüllten Erwartungen Substantive wie Wut und Frustration ein.

Wunsch

Eine weitere Abschwächung der Hoffnung stellt der Wunsch dar. Der Wunsch kann sich auf eine Sache, eine Fähigkeit, ein Verhalten oder einen wünschenswerten Zustand beziehen. Dabei kann das Eintreten für einen selbst, aber auch für jemand anderen gewünscht werden. Wünsche können sowohl positiv als auch negativ sein. Ihr Wirkungspotenzial ist eher eingeschränkt und deutet darauf hin, dass ich auf das „In Erfüllung gehen" wenig Einfluss habe. Das wird deutlich, wenn wir uns folgendes Beispiel anschauen: Was haben Sie für einen Eindruck von dem Bewerber für Ihr Projekt, der sich verabschiedet mit „Ich hoffe, ich konnte Sie überzeugen" oder „ich wünsche mir, dass ich Sie überzeugen konnte". Bei der zweiten Aussage schwingt subjektiv doch noch mehr Unsicherheit mit. Zudem könnte man es auch als Aufforderung oder Bitte auffassen „Bitte lass dich von mir überzeugen".

Überzeugung

Damit sind wir auch schon bei dem nächsten Begriff: Überzeugung. Ist jemand überzeugt, so zeigt dies das Vertrauen in die grundlegende Richtigkeit der Ideen und Anschauungen. Es ist nur sehr schwer möglich, jemanden durch Argumente oder Beweise von seiner Überzeugung abzubringen. Das bedeutet, Überzeugungen sind sehr stabil und nicht leicht zu verändern. Sie stützen sich auf Plausibilitäten und manchmal auch einfach auf die Anzahl der Anhänger. Bereits eine deutsche Musikgruppe hat diese Phänomen erkannt und hinterfragt „Ist es normal, nur, weil alle es tun? " (Fantastische Vier mit „Ganz normal", 1993). Überzeugungen können aber auch von derart subjektiver Natur sein, dass sie nur von demjenigen als gültig angesehen werden, der die Überzeugung vertritt. Damit kann kein Verallgemeinerungsanspruch gestellt werden, beispielsweise wenn sich jemand in der Komplexitätsfalle befindet (Pruckner 2005). Das heißt, die Situation ist so komplex, dass die Zusammenhänge nicht mehr vollumfänglich begriffen werden können. Jeder Versuch, die Situation von außen zu erklären, sorgt dafür, dass derjenige, der sich in der Komplexitätsfalle befindet, sich tiefer in seine eigene geschaffene „Realität" zurückzieht. Allerdings gibt es auch grundlegende Überzeugungen, die sich wiederum durch die Berufung auf andere grundlegende Überzeugungen ändern lassen. Dazu zählen die sogenannten Vernunftwahrheiten und plausible Überzeugungen (Crusius 1766, S. 120). Zum Beispiel galt Spinat viele Jahre als das Gemüse mit überdurchschnittlich viel Eisen (Gustav von Bunge). Alle waren überzeugt davon, man müsse Spinat essen. Heute weiß man, dass es sich damals um eine Verschiebung des Kommas gehandelt hat und Spinat nicht mehr oder weniger Eisen hat als beispielsweise Brokkoli (Aaron E. Carroll, Rachel C. Vreeman 2007).

Gewissheit

Die Gewissheit bezeichnet heutzutage meist die subjektive Sicherheit, dass ein Sachverhalt oder eine bestimmte Bewertung gerechtfertigt und gut sei. Dabei kann es sich um moralische Fragestellungen handeln, aber in erster Linie steht hier immer ein Verhalten im Vordergrund. Die Gewissheit über etwas habe ich schon in mein Leben integriert. Ich baue darauf auf und behandle es wie eine Gegebenheit. Wenn ich überzeugt bin, dann bin ich mir zwar ziemlich sicher, aber es besteht immer noch ein Restrisiko, dass meinem Partner beispielsweise das Weihnachtsgeschenk nicht gefällt. Wenn ich aber eine Gewissheit haben möchte, dann sollte ich ihn vorab um einen Wunschzettel bei Amazon bitten, von wo

aus ich das Geschenk direkt bestellen kann. Dann besteht kein Zweifel mehr, dass ihm das
Geschenk gefällt (außer ein anderer war schneller als ich und er bekommt das Geschenk
somit zweimal).

Anforderung

In der Psychologie bezeichnen Anforderungen die Gesamtheit der objektiven Erfordernis-
se der Tätigkeit des Menschen für das erfolgreiche Erfüllen einer bestimmten Aufgabe.
Das bedeutet „das Überführen eines bestimmten Ausgangszustandes des Tätigkeitsobjekts
in einen definierten und bewerteten Endzustand – bei gegebenen äußeren Verwirkli-
chungsbedingungen der Tätigkeit" (Hilebrand 2007, S. 15). Damit wird kompliziert aus-
gedrückt, was wir im Projekt jeden Tag erleben, wenn wir beschreiben, welche
Anforderungen wir in unserem Projekt umsetzen wollen, um die Ausgangslage letztendlich zu verbessern.

Motivation

Motivation ist der innere Motor, der einen antreibt, Bestleistung zu bringen. Wenn von
Motivation die Rede ist, spricht man meistens von Emotionen und dem Streben nach Zielen. Es kann unterschiedliche Beweggründe (Motive) geben, die zur Handlungsbereit-
schaft führen. „Wenn ich das Projekt erfolgreich zu Ende bringe, werde ich wahrscheinlich
befördert". Die Umsetzung von Motiven in Handlungen nennt man Volition oder Umset-
zungskompetenz (Pelz 2011). Die Volition gibt also an, was mache ich, um sicherzustellen, dass mein Projekt erfolgreich abgeschlossen wird. Motivation kommt aus dem
lateinischen und ist auf das Verb movere (bewegen, antreiben) zurückzuführen. Motivation treibt immer etwas an. Oder haben Sie schon mal gehört, dass jemand motiviert ist, auf
der Couch zu liegen und nichts zu tun? Motivation ist demnach nicht unbedingt direkt mit
einer Erwartung zu vergleichen. Viel eher kann eine Motivation dazu beitragen, dass man
bestimmte Erwartungen hat und Verhaltensweisen an den Tag legt. Meine Motivation jeden Tag aufzustehen, ist, dafür zu sorgen, dass mein Sohn morgens pünktlich aus dem
Haus kommt, damit er nicht zu spät in den Kindergarten kommt. Damit habe ich implizit
die Erwartung, dass er gefrühstückt, sich angezogen und Zähne geputzt hat und so weiter.
Natürlich erwarte ich auch, dass er seinen Teil dazu beiträgt, dass das Vorhaben gelingt.
Erkenne ich die Motivation hinter einer Handlung, dann kann es leichter fallen, Erwartungen zu identifizieren und andere Handlungsspielräume aufzuzeigen. Aus dem Grund be-
leuchte ich auch die Motivation in diesem Buch. Ein Handlungsspielraum wäre zum
Beispiel, früher aufzustehen, Frühstück schon abends bereitstellen etc.

Ziel

Ein Ziel ist ein angestrebter Zustand, den es in der Zukunft zu erreichen gilt. Meist gehen
mit dem Erreichen von Zielen auch Veränderungen einher. Oft werden Ziele sehr schwam-
mig beschrieben, so dass nur schwer gesagt werden kann, ob diese wirklich erreicht wurden oder nicht. Im Projektumfeld hat es sich etabliert, Ziele SMART zu definieren.
SMART steht für:

- S = Spezifisch (Ziele müssen eindeutig definiert sein, also nicht vage, sondern so präzise wie möglich.)
- M = Messbar (Ziele müssen messbar sein, Messbarkeitskriterien)
- A = Akzeptiert (Ziele müssen von den Empfängern akzeptiert werden. „A" steht auch oft für: angemessen, attraktiv, abgestimmt ausführbar oder anspruchsvoll).
- R = Realistisch (Ziele müssen erreichbar sein)
- T = Terminiert (zu jedem Ziel gehört eine klare Terminvorgabe, bis wann das Ziel erreicht sein muss)

Zudem wird oftmals noch unterschieden zwischen kurzfristigen, mittelfristigen, langfristigen, taktischen und strategischen Zielen. Manchmal frage ich mich, warum diese Definition nur in Projekten Anwendung findet. Auch in der Gemeinde oder bei anderen Organisationen wird oft davon gesprochen, dass die Ziele nicht erreicht wurden in einem bestimmten Zeitraum. Wenn ich dann schaue, was die Ziele waren, so lauten diese oft „wir wollen mehr Wachstum" oder „Wir wollen mehr Mitglieder". Ich frage mich dann, ob eine Person Zuwachs nicht auch schon mehr ist und das Ziel damit doch erreicht sein könnte.

Auf die Definition weiterer Begriffe wie beispielsweise Annahme und Vermutung etc. wird an dieser Stelle verzichtet, da diese für die weitere Ausführung des Themas nicht relevant sind.

2.2 Das Zusammenspiel der Begriffe

Setzen wir die einzelnen Begriffe nun in Beziehung zueinander, so wird die Abgrenzung leicht ersichtlich. Die **soziale Norm** kann als ein Prägefaktor von Erwartungen betrachtet werden. Abhängig davon wo jemand aufwächst, sehen die sozialen Normen unterschiedlich aus. So ist Bestechung in unserem Breitengrad nicht toleriert, in anderen Gebieten der Erde dagegen steht das Thema Bestechung vielleicht auf der Tagesordnung und man muss Geld in der Tasche haben, wenn man die Grenze passieren will oder auf der Straße angehalten wird.

Ebenso prägt die Vorstellung von einem **Ideal** die eigene Erwartung. Einem Vorbild werden gewisse Eigenschaften zugeschrieben, von denen wir erwarten, dass sie von unserem Vorbild erfüllt werden. Sei es ein Fußballstar, der immer fair zu spielen hat, ein Popidol, das keine Drogen nimmt oder ein Politiker, der nicht bestechlich ist.

Die **Hoffnung** dagegen ist ungewiss und schwächer als Erwartungen. Wir gehen davon aus, dass es noch eine Alternative gibt, deren Wahrscheinlichkeit für das Eintreten genauso hoch, wenn nicht sogar höher ist. Es bleibt eine gewisse Unsicherheit.

Auch der **Wunsch** geht in diese Richtung, dass man eine bevorzugte Variante hat, deren Eintreten man favorisiert. Deutlich wird auch das Zusammenspiel zwischen Wunsch und Hoffnung, wenn man sagt: „Ich hoffe mein Wunsch geht in Erfüllung…". Erwartungen dagegen lassen nicht so viel Spielraum. Sie sind meist an das Verhalten von Personen gerichtet und lassen keine Alternative zu. Klar kann eine Mutter zu ihrem Kind sagen: „Ich wünsche mir, dass du den Tisch abräumst." Es stellt sich die Frage, ob das wirklich ein Wunsch ist, oder eine nett verpackte Erwartung, die dem Gegenüber vorgaukelt, eine Wahl zu haben.

Eine **Überzeugung** sagt aus, wie stark ich glaube, dass mein Verhalten gerechtfertigt und meine Erwartung realistisch ist, bzw. für wie wahrscheinlich ich das Eintreten einer gewissen Situation halte. Das Gleiche gilt für die **Gewissheit**. Hier wirkt das Wort nochmals verstärkend. Widerworte und Ausreden werden nicht geduldet. Diese eigene Vorstellung ist die richtige und das Handeln muss daran ausgerichtet sein. Die Erwartung, dass andere genauso denken und entsprechend handeln, wenn ich überzeugt oder gewiss bin, ist manifestiert und nur schwer umzustoßen.

Über **Anforderungen** versus Erwartungen hatten wir bereits gesprochen (vgl. Abschn. 2.1). Anforderungen sind explizit gemachte Erwartungen, die objektiv überprüfbar sind und sich weniger gegen das Verhalten von Personen oder gegen sich selbst richten (Hruschka 2014).

Die **Motivation** ist der Treiber für mein Handeln. Da Erwartungen Einfluss auf mein Handeln und Verhalten haben, wird hier schon der Zusammenhang ersichtlich. Denn hinter Erwartungen können auch Motive liegen, die in dem damit verbundenen Ziel begründet liegen. Immerhin haben Erwartungen in der Regel ein Ziel oder einen Zweck. Das bedeutet, sie haben einen Grund, meist ein Bedürfnis, das es zu erfüllen gilt. Mehr dazu in dem folgenden Kapitel, welche Erwartungen es eigentlich gibt (vgl. Kap. 3).

Die Meisten werden wohl das nachfolgendes Schaubild des Kano-Modells aus dem Bereich des Requirements Engineering kennen (Vgl. Abb. 2.1). Das Modell wurde nach dem japanischen Professor Noriaki Kano benannt, der das Modell 1978 zur Analyse von Kundenwünschen entwickelt hat. Hierbei geht es darum, welche verschiedenen Arten von **Anforderungen** oder Wünschen auf die Zufriedenheit des Kunden Auswirkung haben. An der Stelle soll das Schaubild kurz erklärt werden.

Leistungsfaktoren

So gibt es zum einen die „Leistungsfaktoren". Das ist der einfachste Bereich. Hier handelt es sich um die Anforderungen, die der Kunde explizit genannt hat. Sei es in Form der Anforderungserhebung, im Rahmen des Projektauftrages oder der Projektausschreibung an sich. Diese gilt es zu erfüllen, um den Kunden zufrieden zu stellen. Je vollständiger die Anforderungen erfüllt sind, umso zufriedener ist der Kunde.

Basisfaktoren

Basisfaktoren sind die „Eh-Klar" Funktionen. Der Kunde nennt sie nicht explizit, weil es ja „Eh-Klar" ist, dass diese vorhanden sein und funktionieren müssen. Wenn ich ein Auto kaufe, will ich nicht explizit sagen müssen, dass es fahrtüchtig sein muss. Wenn meine Wohnung eine Terrasse hat, erwarte ich, dass diese auch zugänglich ist. Wenn ich eine Software kaufe, dann erwarte ich, dass ich sie über Doppel-Klick auf das Icon auf dem Desktop öffnen kann. Wenn diese Standards, die stillschweigend vorausgesetzt werden, nicht erfüllt sind, wird es sehr schwer, durch ein reines Erfüllen der Leistungsfaktoren eine hohe Kundenzufriedenheit zu erreichen. Die beiläufigen impliziten Erwartungen des Kunden sind nicht erfüllt.

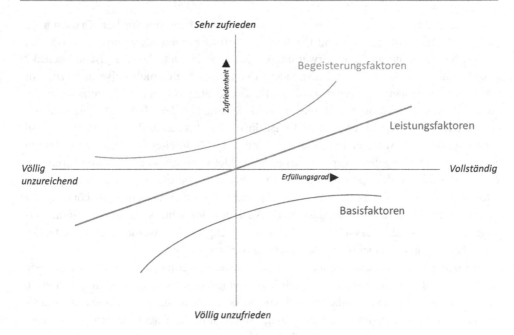

Sehr zufrieden

Zufriedenheit

Begeisterungsfaktoren

Leistungsfaktoren

Völlig unzureichend

Erfüllungsgrad ▶

Vollständig

Basisfaktoren

Völlig unzufrieden

Abb. 2.1 Erwartungen im Projektalltag – Das Kano-Modell der Kundenzufriedenheit

Begeisterungsfaktoren

Bei den Begeisterungsfaktoren handelt es sich um Anforderungen, derer sich der Kunde gar nicht bewusst ist und die er daher auch nicht kennt. Erst wenn er die Umsetzung sieht, erkennt er, dass er diese Funktion haben will und lässt sich „begeistern". Denken wir wieder an unsere Beispiele zu den Basisfaktoren, so könnte beim Auto der Begeisterungsfaktor die jährliche Gratiswäsche im Frühjahr beim Autohaus sein. Etwas, was ich auf der Terrasse nicht erwarte, mich aber begeistert, ist vielleicht ein gesonderter Wasseranschluss im Boden für einen Pool. Bei der Software kann sich vielleicht der ein oder andere durch eine Synchronisation der Daten mit Dropbox oder iDrive mit entsprechendem Gratis-Abo begeistern lassen. Begeisterungsfaktoren können im Projekt gezielt eingesetzt werden, um Pluspunkte zu sammeln. Hier gilt es, ganz bewusst vorzugehen, da Begeisterungsfaktoren in der Regel weder beauftragt noch budgetiert sind. Werden Begeisterungsfaktoren umgesetzt, während Leistungsfaktoren oder Basisfaktoren auf der Strecke bleiben, kann dies auch negative Auswirkungen haben.

Anforderungen versus Erwartungen

Nun stellt sich die Frage, ob Erwartungen denn gleich zu setzen sind mit Anforderungen, oder warum dieses Schaubild an der Stelle behandelt wurde. Für mein Verständnis gehen Erwartungen über Anforderungen hinaus. Anforderungen können konkretisiert und festgemacht werden. Das bedeutet, selbst wenn es etwas aufwendig ist, können Anforderungen doch auf eine objektive Art und Weise dargestellt werden. Das ist bei Erwartungen nicht ganz so einfach. Erwartungen können sehr subjektiv und schwer zu fassen sein. Und genau das macht es so schwer, sie zu managen und mit ihnen umzugehen. Erwartungen gibt es in Bezug auf Umfang und Qualität der Anforderungen, Zeit und Aufwand. Das kennen Sie bestimmt auch, die Erwartung an den Projektleiter, das „magische Dreieck" auszubalancieren. Aber es gibt auch andere Erwartungen. Beispielsweise in Bezug auf wann und wie jemand Involviert werden will. Grundsätzlich könnten Sie jetzt sagen, so etwas bilden wir im Kommunikationsplan oder der Stakeholder Matrix ab. Und dennoch konnte ich schon öfter hören, „Aber das ist doch klar, dass es in diesem speziellen Fall anders sein muss". Auch die Erwartungshaltung, dass Mitarbeiter Überstunden zu leisten haben oder erst heimgehen, wenn ein kritischer Fehler behoben wurde, ist weit verbreitet. Wenn ich weiß, was der Sponsor von mir erwartet, wie ich beispielsweise mit ungeplanten Situationen umgehe, ist es leichter, von vornherein Optionen aufzeigen zu können, von denen ich davon ausgehen kann, dass sie im Auge des Betrachters valide sind. Somit verringere ich die Gefahr, dass ich nicht noch mal zurückgeschickt werde, um andere Optionen aufzuzeigen und dabei wertvolle Zeit (und Nerven) verliere.

Erwartungen können aber nicht nur darüber gemanagt werden, was ich erwarte und wie etwas sein soll, sondern auch, indem ich klar kommuniziere was eben nicht getan wird, was ich nicht als meine Aufgabe als Projektleiter oder innerhalb dieses Projektes betrachte und wo die Grenzen des Machbaren sind. Im Verlaufe des Buches gehen wir mit Beispielen noch stärker auf die unterschiedlichen Methoden ein, wie eben auch das Abgrenzen konkret aussehen kann.

Das oben aufgezeigte Kano-Modell ist sehr hilfreich im Zusammenhang mit dem Verständnis für Erwartungen, die über die festgehaltenen Anforderungen hinausgehen. Denn hier begegnen wir ebenfalls Erwartungen, die formuliert werden (können), also Leistungsfaktoren. Beispielsweise die Erwartungen an eine bestimmte Rolle. Aber auch Erwartungen, die ich implizit habe, deren ich mir nicht bewusst bin und es erst merke, wenn sie nicht erfüllt werden (Basisfaktoren), sind vorhanden. Das können Erwartungen an ein gewisses Verhalten sein, dass für mich den „normalen Anstand" definiert, wie sich entschuldigen, wenn man zu spät kommt, oder andere Personen, die man auf dem Gang trifft, zu grüßen. Nicht zu vergessen der letzte Faktor, der Begeisterungsfaktor. Hier lasse ich mich durch das Verhalten der anderen Person positiv überraschen. Pauschal lässt sich aber sagen, dass die Trennung Anforderungen und Erwartungen im Zusammenhang mit diesem Text so zu treffen ist, dass sich Erwartungen immer auf das Verhalten von Menschen beziehen, während Anforderungen im Zusammenhang mit Lieferobjekten zu verstehen sind. Im Laufe des nächsten Kapitels gehe ich auf diesen Punkt, was Erwartungen sind und wie diese definiert werden, noch mal gezielt ein.

Literatur

Aaron E. Carroll, Rachel C. Vreeman. (2007). Medical myths. *British Medical Journal*, 335.
Crusius, C. A. (1766). *Entwurf der nothwendigen Vernunft Wahrheiten*. Leipzig: Johann Friedrich Gledischens.

Gerrig, R. J. (2015). *Psychologie* (Bd. 20). Hallbergmoos: Pearson.

Hilebrand, M. (2007). *Anforderungsprofil der Schlüsselkompetenzen für Verwaltungswirte bei der bayerischen Staatsfinanzverwaltung: Konzeptionelle Grundlagen - Empirische Ergebnisse - Anforderungsprofil.*München: GRIN Verlag.

Hruschka, P. (2014). *Business Analysis und Requirements Engineering: Produkte und Prozesse nachhaltig verbessern.* München: Carl Hanser Verlag.

Lange, S. (2015). *Komplexität im Projektmanagement.* Wiesbaden: Springer Vieweg.

Moser, C. (07. Juli 2012). *Monster des Alltags, die Erwartung.* Von Alles nur psychisch: http://alles-nur-psychisch.com/2012/07/07/monster-des-alltags-nr-023-die-erwartung/ abgerufen

Pelz, P. D. (2011). Von der Motivation zur Volition. *Forschungsbericht als Diskussionspapier*, 13.

Pruckner, M. (2005). *Die Komplexitätsfalle.* Books on Demand.

Weber, H., & Rammsayer, T. (2012). *Differentielle Psychologie – Persönlichkeitsforschung.* Göttingen : Hogrefe.

Erwartung, was ist das

3

Zusammenfassung

In diesem Kapitel beschreibe ich, welche Arten von Erwartungen es geben kann und wie sich diese auszeichnen. Diese Unterteilung wird im Laufe des Buches weiter Verwendung finden. Neben den fünf verschiedenen Arten von Erwartungen werden aber auch Erwartungshaltungen oder Einstellungen diskutiert.

Eine Art, Erwartungen zu beschreiben, kommt von Karlheinz Wolfgang. Er sagt: „Erwartungen sind einseitige Verträge, von denen der andere nichts weiß!". Dies trifft bestimmt auf implizite Erwartungen zu, die ich an andere habe, ohne sie mitzuteilen. Zum Teil, weil ich sie selbst nicht als Erwartungen wahrnehme. Vielleicht aber auch, weil es mir schwerfällt, sie in Worte zu fassen. Aber nicht alle impliziten Erwartungen sind gleich. Hier gibt es Unterschiede in ihrer Ausprägung, Ursache und ihrer Wirkung. Lassen Sie uns das genauer anschauen.

Eine Erwartung bezieht sich auf die Annahme oder Antizipation eines zukünftigen Ereignisses. Die damit verbundene subjektive Wahrscheinlichkeit kann dabei graduell verschieden sein. Der Begriff Überzeugung (vgl. Abschn. 2.1) impliziert hingegen eine subjektive Gewissheit.

In formaler Hinsicht kann sich eine Erwartung beziehen auf (Weber & Rammsayer 2012, S. 86 f.):

- das Verhältnis der eigenen Person zum eigenen Verhalten (**Selbstwirksamkeitserwartung**).
- das Verhältnis des eigenen Verhaltens auf
  - unmittelbare Folgen (**Ergebniserwartung**) oder
  - mittelbare Folgen (**Instrumentalitätserwartung**).
- die Frage, von wem oder was das Eintreten gewünschter Ereignisse oder Ergebnisse abhängt und wie ich es beeinflussen kann (**Kontrollüberzeugung**).
- die Frage, was die Ursachen für ein bestimmtes Ergebnis sind (**Attribution**).

© Springer Fachmedien Wiesbaden GmbH 2016
S. Lange, *Erwartungsmanagement in Projekten*,
DOI 10.1007/978-3-658-15615-2_3

Diese Arten der Erwartung kann man zueinander in Relation setzen. Abb. 3.1 veranschaulicht dies sehr schön.

Demzufolge können sich Erwartungen also darauf beziehen, ob das Ergebnis einer Handlung überhaupt die gewünschte Folge haben wird (Instrumentalitätserwartungen), die Handlung tatsächlich zum gewünschten Ergebnis führt (Ergebniserwartungen), oder die Person durch den Einsatz ihrer verfügbaren Mittel tatsächlich in der Lage ist, etwas bewirken zu können (Selbstwirksamkeitserwartungen).

Eine Erwartung oder Erwartungshaltung nennt man auch **Antizipation**. Ein Ereignis zu antizipieren heißt, anzunehmen, dass ein Ereigniseintritt wahrscheinlich ist.

Zu den Erwartungen wird in der Persönlichkeitsforschung unter anderem noch der **Optimismus – Pessimismus – Realismus** gezählt. Diese werden wir aber nur am Rande beleuchten und zwar im Zusammenhang mit dem Umgang und den Konsequenzen aus nichterfüllten Erwartungen.

Kommen wir jetzt zu den unterschiedlichen Arten von Erwartungen und was ihre Merkmale sind, bevor wir uns anschauen, wie diese genau in unseren Projekten auftreten.

3.1   Selbstwirksamkeitserwartung

Selbstwirksamkeitserwartung bezeichnet die Erwartung, die jemand an sich selbst hat, dass er aufgrund seiner eigenen Kompetenzen eine gewünschte Handlung erfolgreich selbst ausführen kann. Wer daran glaubt, selbstständig etwas bewirken und Einfluss nehmen zu können, hat demnach eine hohe Selbstwirksamkeitserwartung. Dazu gehört auch, dass man überzeugt ist, als Person gezielt Einfluss auf Geschehnisse nehmen zu können. Diese Überzeugung kann bei unterschiedlichen Personen unterschiedlich stark ausgeprägt sein. Woher das kommt, schauen wir in einem späteren Kapitel (Kap. 5) genauer an. Dass eine hohe Selbstwirksamkeitserwartung eine positive Auswirkung auf die Person hat, zeigen bereits diverse Studien. So ist erwiesen, dass eine Person mit hoher Selbstwirksamkeitserwartung über mehr Ausdauer verfügt, als eine Person, bei der die Selbstwirksamkeitserwartung eher weniger stark ausgeprägt ist (Ralf Schwarzer 2000). Das Gleiche gilt für die Anfälligkeit für Depressionen, Angststörungen und Krankheitsfälle im Berufsleben (Ruhol 2007). Selbstwirksamkeitserwartungen und Ergebnisse der eigenen Handlung beeinflussen sich

Abb. 3.1 Hierarchie von Erwartungen (in Anlehnung an Schwarzer 1996, S. 13)

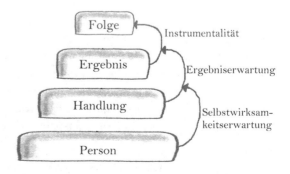

oft gegenseitig. Dies muss nicht immer nur positive Effekte haben. Hat eine Person eine zu hohe Selbstwirksamkeitserwartung, also an sich selber unrealistische Erwartungen, kann das sehr schnell zu einem Burn-out führen (Harrer 2013). Sind die Selbstwirksamkeitserwartungen allerdings in einem guten Maße gesetzt, kann das positive Auswirkungen haben. Hohe Ansprüche an sich selbst können motivationssteigernd wirken, so dass schwierige und anspruchsvolle Aufgaben gemeistert werden können. Können die Erwartungen an sich selbst erfüllt werden, so führt dies zu einer Bestätigung und die eigene Selbstwirksamkeitserwartung wird erhöht. Die zwei Wissenschaftler Edwin Locke und Gary Latham haben diesen zirkulären Effekt untersucht und in dem so genannten „high performance cycle" beschrieben. Wer mehr hierzu wissen möchte, dem empfiehlt sich ein Blick in die von ihnen entworfene „Theorie der Zielsetzung" (Locke 1990).

Beispiel

Wenn ich keine Süßigkeiten in der Nähe habe, schaffe ich es, darauf zu verzichten.
Für zwei Tage kann ich morgens früher aufstehen, um meine Aufgaben vor Arbeitsbeginn zu erledigen.

3.2 Ergebniserwartung

Der Fokus bei der Ergebniserwartung liegt darauf, dass ein bestimmtes Verhalten von mir zu einem erwarteten Ergebnis führt. Hier steht also die Handlung im Vordergrund. Ich kann Ursache und Wirkung genau zuordnen und beobachten. Dabei kann sowohl die eigene, als auch die fremde Handlung gemeint sein, die zu dem Ergebnis führt. Das ist wohl die einfachste und auch am leichtesten ersichtliche Art von Erwartung.

Beispiel

Durch gesunde Ernährung werde ich weniger krank.
Durch mehr Überstunden werden wir die Software rechtzeitig fertigbekommen.

3.3 Instrumentalitätserwartung

Bei der Instrumentalitätserwartung dagegen ist der Zusammenhang zwischen Ursache und Wirkung eher indirekt zu sehen. Es kann daher nicht direkt von einer Handlung auf ein Ergebnis geschlossen werden. Stattdessen wird abgeschätzt, inwieweit mein Handeln hilfreich ist, um einen bestimmten Zweck zu erreichen. Oder anders formuliert: Die Instrumentalitätserwartung beschreibt den Zusammenhang zwischen dem Ergebnis meiner Handlung und den daraus resultierenden Konsequenzen. Damit steht nicht das eigentliche Ergebnis meiner Handlung im Vordergrund, sondern die daraus resultierenden Folgen und Konsequenzen, die wiederum positiver oder negativer Natur sein können (Noah J. Goldstein, Steve J. Martin, Robert B. Cialdini, 2009, S. 70). Mein Handeln kann beispielsweise positiven

Einfluss auf die Allgemeinstimmung im Projekt haben und dadurch die Motivation und die Performance im Projekt steigern. Meine Aktion ist damit also ein Instrument, um weitere Aktionen hervorzurufen. Zur Verdeutlichung: Die Ergebniserwartung beruht darauf, dass mein Chef mir aufgrund meines Handelns ein Lob ausspricht. Die Instrumentalitätserwartung dagegen setzt darauf, dass andere meinem Beispiel folgen.

Beispiel

Eine gesunde Lebensweise erhöht mein Wohlbefinden.
Wenn ich mehr arbeite, folgen die Teammitglieder meinem Vorbild, und dadurch können wir den Termin halten.

3.4   Kontrollüberzeugung

Bei der Kontrollüberzeugung steht wiederum die Erwartung im Vordergrund, dass es ein Ursache-Wirkung-Prinzip gibt, anhand dessen Handlungen und Vorgänge, aber auch die daraus resultierenden Konsequenzen für das Erleben und Verhalten von Menschen abgeleitet werden können. Durch ein gezieltes Eingreifen in die Abläufe kann ich demnach Einfluss auf das Ergebnis nehmen. Es wird unterschiedenen, ob bestimmte Ergebnisse

- unabhängig von ihren eigenen Handlungen auftreten. In dem Fall schreiben sie die Zusammenhänge externen Faktoren wie Zufall, Schicksal oder anderen zu (enterale Kontrolle).
- selbst Einfluss genommen haben, d. h. Änderungen im Verlauf auf ihre eigene Handlungen zurückführen sind (internale Kontrolle).

Wenn ich also in meinem Projekt die Verantwortung im Team aufteile, dann habe ich die Erwartung, dass die Teammitglieder die Verantwortung auch wahrnehmen. Wenn sie mich dann fragen und ich meine Meinung sage, dann stellt sich schon die Frage, ob ich erwarte, dass sie meinen Rat annehmen (Kontrollüberzeugung) oder ob der Rat wirklich als Rat gemeint ist und ich es damit meinem Gegenüber freistelle, was er mit dem Gehörten macht.

Beispiel

Wenn ich weniger Süßigkeiten esse, trage ich etwas zu meiner gesünderen Ernährung bei.
Wenn ich abends zwei Stunden länger arbeite, können wir das Projekt rechtzeitig beenden.

3.5   Attribution

Jeder Mensch bildet subjektive oder „naive" Erklärungen für beobachtete Effekte in seiner Umwelt, um somit kausale Erklärungen für Verhaltensweisen von Menschen vorzunehmen (Gerrig 2015, S. 637). Dieses Verhalten wird Attribution genannt. Ein Beispiel für solch eine Attribution ist das Bilden von Stereotypen. Den Begriff kennen einige vielleicht aus der Modellierung. Ein Stereotyp beschreibt Personen oder Gruppen, und stellt einen für diese als typisch definierten Sachverhalt vereinfacht dar. Allein durch die Nennung eines Stereotypen können so zugehörige, komplexe Inhalte und Attribute schnell präsent gemacht werden. Jeder von uns hat eine gewisse Erwartungshaltung an das Verhalten einer Person, die dieser Gruppe angehört. Diese Kategorisierung anhand bestimmter Merkmale oder Eigenschaften (wie z. B. Position, Rolle, Alter, Geschlecht etc.) ist für uns ein völlig normaler, schnell und nahezu automatisch ablaufender Prozess. Dies kann sehr hilfreich sein, um sich in einer Situation schnell zurecht zu finden und Orientierung zu verschaffen. Denken wir beispielsweise an einen Mann mit Pistole, um den wir vielleicht eher einen Bogen machen. Oder ein dominant auftretender Mann im Anzug, dem wir automatisch (berechtigt oder unberechtigt) mehr Respekt zuweisen als dem jungen Mann daneben, der in Jeans und T-Shirt an der Wand gelehnt steht und auf seinen Kaffee wartet. Dieses „automatische" Einordnen in Schubladen kann allerdings auch zu Problemen führen. Nämlich dann, wenn zu stark an diesen „Schubladen" festgehalten wird und wir es nicht zulassen, jemanden neu einzuordnen. Wir meinen, im Vornherein schon alles über die Person und ihren Charakter zu wissen. Dementsprechend verhalten wir uns dann auch im schlimmsten Fall. Vorurteil und Klischee werden gebildet und gepflegt (Schlömilch 2013). So wie wir daheim einmal im Jahr einen Frühjahrsputz machen, in die letzte Ecke schauen, um alles zu putzen und aufzuräumen, so empfiehlt es sich, auch regelmäßig mal zu schauen, wer denn aktuell in welcher Schublade steckt, was die „Einstiegskriterien" für diese Schublade sind und ob wir hier nicht auch wieder für Ordnung sorgen müssen. Es kann dabei hilfreich sein, sich vor Augen zu führen, dass wir auch in den Schubladen der anderen stecken und uns freuen, wenn wir die Chance bekommen würden, Vorurteile wieder auszuräumen und unsere Schublade verlassen zu können.

Beispiel

Limo ohne Zucker ist gesund.
Entwickler fangen meist spät am Morgen mit der Arbeit an und sind dafür länger im Geschäft.

3.6 Optimismus – Pessimismus – Realismus

Es gibt drei Arten, wie Menschen dem Leben oder Situationen entgegentreten. Meist handelt es sich hier um eine Grundeinstellung, die sich mehr oder weniger auf alle Bereiche des Lebens bezieht und nicht nur auf das Berufsleben.

3.6.1 Optimismus

Der Optimist hat die Begabung, in erster Linie nur das Gute zu sehen oder das Positive zu erwarten. An dieser Stelle kann noch unterschieden werden, ob es sich um einen naiven

Optimisten handelt, der grob fahrlässig alles mit der rosaroten Brille betrachtet, oder ob es ein gesunder Optimismus ist, der die Person einfach nur Gutes erwarten lässt und alles und jedem eine zweite Chance gibt.

Psychologen gehen davon aus, dass Optimisten erwartungsfreudig in die Zukunft schauen. Freude oder Glück ist psychologisch gesehen nicht die Erfüllung einer Erwartung, sondern die Erwartung selbst. Die Freude auf ein in der Zukunft liegendes, positives Ereignis, wie etwa der lang ersehnte Urlaub, die Freude auf das Eigenheim oder die berufliche Beförderung, sind vor dem Eintreten des Ereignisses wesentlich höher, als zu dem Zeitpunkt des wirklichen Eintretens. Bei Kindern ist dies unter anderen bei der Vorfreude auf Weihnachten sehr deutlich zu erkennen (Seligman 2005).

> **Beispiel**
> *Der Optimist sieht ein Licht am Ende des Tunnels.*

3.6.2 Pessimismus

Der Pessimist dagegen legt eine Lebenseinstellung an den Tag, in der nichts Gutes erwarten oder erhoffen wird. Sei dies geprägt von schlechten Erfahrungen oder der Angst enttäuscht zu werden bzw. selbst zu enttäuschen. Zu viel Pessimismus kann dann auch pathologisch werden und krankhafte Folgen haben. Schlechte Gedanken und negative Erwartungen prägen sich in das Unterbewusstsein ein. Die Folgen davon werden oft unterschätzt, denn ein ausgeprägter Pessimist ist hoffnungslos und Hoffnungslosigkeit führt zu Depressionen und Motivationsverlust. Pessimisten werden laut Studien doppelt so häufig krank, wie Menschen mit einer realistischen oder optimistischen Lebenseinstellung (Darcy 2013). Der Pessimist hat keine Erwartungen, und wenn, dann sind diese eher negativer Natur. Er rechnet eher mit dem „worst case" und mit wenig Unterstützung. Daher ist ein Pessimist auch leicht positiv zu überraschen.

> **Beispiel**
> *Der Pessimist sieht nur Dunkelheit in einem Tunnel.*

3.6.3 Realismus

Die Haltung, bei der alles nüchtern beurteilt wird und man sich nur an objektiven Fakten orientiert, wird Realist genannt. Der verlässliche Realist ist bodenständig und verantwortungsbewusst. Er ist präzise, zurückhaltend und anspruchsvoll. Auf Außenstehende wirkt er manchmal reserviert und kühl, obwohl er in Wirklichkeit oft über viel Witz und Esprit verfügen kann (Heyne 2016). Manchmal wird er als Spielverderber gesehen, der dem Optimisten seine Ideen zunichtemacht. Für den Pessimist erscheint der Realist aber immer noch zu optimistisch.

Der Realist sieht, das Licht kommt von dem Zug.

3.6.4 Selbsterfüllende Prophezeiung

Aus dem Projektmanagement kennen wir bereits den Spruch „Über Probleme reden schafft Probleme, über Lösungen reden schafft Lösungen". Ob Requirements Engineere das genauso unterschreiben sei dahingestellt. Denn sicherlich sollten wir erst das Problem und dessen Ursache verstehen bevor wir über Lösungen sprechen. Was der Satz aber ausdrücken soll, ist, dass die Grundeinstellung, die ich zu einem Thema habe, Einfluss darauf hat, wie ich mit der entsprechenden Situation umgehe. Der Zusammenhang von Erwartungen und der Psychologie kann unter dem Begriff der „selbsterfüllenden Prophezeiung" (engl. „self-fulfilling prophecy") zusammengefasst werden (Gerrig 2015, S. 649). Unter selbsterfüllender Prophezeiung versteht man den Zusammenhang zwischen Erwartung, Verhalten und Ergebnis. Erwarten wir ein bestimmtes Verhalten von unserem Gegenüber, erzwingen wir durch unser eigenes Verhalten genau dieses Verhalten bei dem anderen. Wenn ich beispielsweise erwarte, dass ein Team die Herausforderung meistert, so werde ich in meiner Art zu kommunizieren positive Worte gebrauchen und motivierend wirken. Dadurch unterstütze ich das Team unbewusst dabei, die Aufgabe wirklich zu meistern. Hierzu gibt es das Gegenstück, die selbstzerstörende Prophezeiung. Hierbei verhält sich der Betreffende so, dass die Erwartung nicht in Erfüllung geht. Wenn ich beispielsweise der Meinung bin, dass der Kollege, der vor der Beförderung steht, dem Job nicht gewachsen ist, werde ich mich bewusst oder auch unbewusst entsprechend verhalten. Sei es, dass ich jedes „Haar in der Suppe" finde, gemachte Fehler betone oder auch in meiner Kommunikation eher verhalten bin. Auf diese Art hat der Kollege es sehr schwer, seinen Job wirklich gut zu machen, obwohl er es eigentlich unter normalen Umständen problemlos bewerkstelligen könnte. Als Begründer der Theorie gilt unter anderem Paul Watzlawick (Watzlawick 2009).
von Personen

Literatur

Darcy, D. (04. Juli 2013). *Pessimismus - warum er so schädlich ist*. Von http://suite101.de/: http://suite101.de/article/pessimismus---warum-er-so-schadlich-ist-a133238#.VZUvJPntlBc abgerufen
Gerrig, R. J. (2015). *Psychologie* (Bd. 20). Hallbergmoos: Pearson.
Harrer, M. E. (2013). *Burnout und Achtsamkeit*. Stuttgart: Klett-Cotta.
Heyne, F. (14. Juni 2016). *iPersonic*. Von Der verlässliche Realist: www.ipersonic.de/typ/VR.html abgerufen
Locke, E. A. (1990). *A Theory of Goal Setting & Task Performance*. New Jersey: Prentice-Hall.
Noah J. Goldstein, Steve J. Martin, Robert B. Cialdini. (2009). *Yes! Andere überzeugen - 50 wissenschaftlich gesicherte Geheimrezepte*. Bern: Huber.

Ralf Schwarzer, U. S. (2000). Cross-Cultural Assessment Of Coping Resources: The general percei-
ved self-efficacy scale. *Asian Congress of Health Psychology.* Tokyo. Von CROSS-CULTURAL
ASSESSMENT. abgerufen

Ruhol, S. (2007). *Selbstwirksamkeit als Indikator für psychische Störungen.* Aachen: Technische
Hochschule Aachen.

Schlömilch, S. (2013). *Vorurteile, Stereotype und soziale Diskriminierung: Entstehung, Funktion
und Möglichkeiten zum Abbau und zur Prävention und Konsequenzen für die Schule.* GRIN Verlag GmbH.

Schwarzer, R. (1996). *Aus Psychologie des Gesundheitsverhaltens.* Göttingen: Hogrefe.

Seligman, M. E. (2005). *Der Glücks-Faktor: Warum Optimisten länger leben.* Bastei Lübbe.

Watzlawick, P. (2009). *Anleitung zum Unglücklichsein.* Piper Taschenbuch.

Weber, H., & Rammsayer, T. (2012). *Differentielle Psychologie – Persönlichkeitsforschung.* Göttingen : Hogrefe.

Erwartungen im Projektmanagement

4

Zusammenfassung

Das Kapitel beschäftigt sich mit der Frage, welche Arten von Erwartungen uns im Projektalltag begegnen. Dazu werden vier Dimensionen vorgestellt, denen die bereits kennengelernten Erwartungsarten aus dem vorherigen Kapitel zugeordnet werden können. Anhand eines konstruierten Projekts wird aufgezeigt, wo im Projektalltag Erwartungen auftreten können. Des Weiteren werden Merkmale dieser Erwartungen sowie Möglichkeiten des Umgangs aufgezeigt. Es wird aber auch gezeigt was passiert, wenn solche Erwartungen erfüllt, oder eben nicht erfüllt werden.

Ein Projekt, beziehungsweise ein Projektteam, ist am Ende des Tages nur so gut steuerbar, wie es dem Projektleiter gelingt, das Handeln aller Involvierten mit ihrer eigenen Motivation und der Motivation der anderen im Gleichgewicht zu halten.

In meinem Projektalltag begegne ich immer wieder an diversen Stellen unterschiedlichen Erwartungen. Sei es, dass ich nicht zufrieden bin mit der Qualität, die ich abliefere, oder dass ich der Meinung bin, ein erfahrener Architekt dürfte so nicht mit anderen Entwicklern umgehen. Aber auch wenn sich ein Kollege bei mir beklagt, dass ein Mitarbeiter immer erst um 10 Uhr im Büro ist und nicht schon wie er um kurz nach 8 Uhr, dann merke ich, dass hier Erwartungen vorhanden sind, die nicht erfüllt und daher früher oder später zu Problemen führen werden, wenn sie nicht ausgesprochen werden. Erwartungen können also an unterschiedlichen Stellen auftreten und in unterschiedliche Richtungen gerichtet sein. Hier werden zwei Bereiche ersichtlich: ich und andere. Erwartungen, die ich habe und Erwartungen, die andere haben. Jetzt kann dies nochmals aufgeteilt werden in die unterschiedlichen Richtungen, in die die Erwartungen zielen. Erwartungen, die an mich und Erwartungen, die an andere gerichtet sind. Daraus ergeben sich vier Dimensionen:

© Springer Fachmedien Wiesbaden GmbH 2016
S. Lange, *Erwartungsmanagement in Projekten*,
DOI 10.1007/978-3-658-15615-2_4

1. ich an mich
2. ich an andere
3. andere an mich
4. andere an andere

Diese werden im folgenden Kapitel beleuchtet (Abb. 4.1).

4.1   Vier Dimensionen

Erwartungen müssen nicht direkt mit dem Projekt selbst oder dessen Zielen zu tun haben. Sie können sich auch auf persönliche Interessen beziehen oder eine intrinsische/extrinsische Motivation als Grundlage haben. Unabhängig davon hat die Erfüllung oder Nichterfüllung der Erwartung Einfluss auf den Projekterfolg. Aus dem Grund soll nun detaillierter auf die bereits angesprochenen vier Bereiche eingegangen werden. Dabei wird untersucht, welche Erwartungen uns in diesem Bereich im Projektalltag begegnen, unterschieden nach den bereits kennengelernten vier Arten von Erwartungen (Selbstwirksamkeitserwartung, Ergebnis- und Instrumentalerwartung, Kontrollüberzeugung und Attribution). Diese Unterteilung soll helfen zu erkennen, welche Bedürfnisse hinter den Erwartungen liegen und wie mit ihnen umgegangen werden kann. Basiert eine Erwartung beispielsweise darauf, ein bestimmtes Ergebnis zu erzielen, so wird es leichter sein, dies in einem Gespräch zu erkennen und neue Lösungswege zu erkennen, als wenn durch die Handlung Folgen und kausale Zusammenhänge erwartet werden. Dieses zu erkennen, ist nicht immer einfach. Das Wissen darum kann aber helfen, alternative Handlungsmöglichkeiten aufzuzeigen, die das gleiche Bedürfnis erfüllen, wenn auch vielleicht auf eine andere Art und Weise. Dazu aber zu einem späteren Zeitpunkt mehr.

Abb. 4.1 Vier Dimensionen
der Erwartung

Sicher hat nicht jede Dimension alle Arten in der gleichen Ausprägung. Die Selbstwirksamkeitserwartung beispielsweise ist nur bei mir selbst anzutreffen. Ich kann schwer andere Personen dazu nutzen, um meinen eigenen Ehrgeiz zu befriedigen. Wohl kann ich aber davon ausgehen, dass jeder im Projektteam eine Selbstwirksamkeitserwartung hat und auch danach strebt, diese zu erfüllen. Diese Dimension werden wir jedoch nicht betrachten.

Des Weiteren wird angeschaut, welche speziellen Eigenschaften und Herausforderungen es in der jeweiligen Dimension gibt. Abhängig davon werden verschiedene Ansatzmöglichkeiten diskutiert, wie mit den Erwartungen umgegangen werden kann, also wie wir sie erkennen und diese managen können. Nichtsdestotrotz kommt es hin und wieder vor, dass Erwartungen nicht erfüllt werden (können). Auch hier soll kurz darauf eingegangen werden was passiert, wenn Erwartungen (nicht) erfüllt werden und welche Handlungsmöglichkeiten sich in dem Falle anbieten.

Veranschaulicht wird das Ganze, indem wir eine Projektleiterin, Monika Ruesch, durch ihren Projektalltag begleiten und ihre Herausforderungen miterleben. Natürlich sind die Personen und das Projekt rein fiktiv. Sollten dennoch Ähnlichkeiten zu realen Situationen und Personen auftreten, so ist dies rein zufällig und nicht beabsichtigt. Zu Beginn möchte ich unsere Projektleiterin ein bisschen genauer beschreiben, damit Sie ein besseres Bild von der Person bekommen, die wir auf den nachfolgenden Seiten durch ihr Projekt hindurch begleiten werden.

Monika ist eine erfahrene Projektleiterin, Mitte 40, und hat bereits zahlreiche Projekte im IT-Umfeld geleitet. Die meisten dieser Projekte waren sehr erfolgreich, so dass ihr immer mehr Verantwortung zugetragen wurde und auch ihre Projekte an Komplexität in den letzten Jahren deutlich zugenommen haben. Sie ist ledig, sehr strebsam und geht unheimlich gerne klettern und Skifahren. Auch sonst ist sie gerne auf Achse, ein sehr umgänglicher und ruhiger, sehr zielstrebiger und selbstbewusster Typ, der auch mal auf den Tisch hauen kann, wenn es sein muss. Ihr aktuelles Projekt führt sie in einem großen Handelsunternehmen. Hier wird ein neues CRM-Tool (Customer Relationship Management Tool) von einem namhaften Anbieter eingeführt, das die drei bestehenden Altsysteme ablösen soll. Hierfür wurde ein Projekt aufgesetzt, das unter anderem die Migration der Daten von den Altsystemen in das neue System vornehmen soll. Dieses Projekt leitet Monika nun bereits seit ein paar Monaten. Es befindet sich ungefähr im letzten Drittel der Zeitplanung, nicht jedoch im letzten Drittel der Anforderungen.

4.2 Meine Erwartungen an mich

Glück = Realität – Erwartung
Unser permanenter Wille erzeugt permanente Erwartungen, und
unser Streben permanenten Zeitdruck. So haben wir die Augen für
die Schönheit dieser Welt verloren. (Karl Talnop)

So hatte sich Monika das Ganze nicht vorgestellt. Seit Tagen rennt sie nur noch von einem Meeting zum anderen. Dabei hat sie kaum mehr Zeit, sich auf das jeweilige Thema der

Besprechung vorzubereiten, geschweige denn, ihre Aufgaben, die sie aus den Besprechungen mitnimmt, abzuarbeiten. Sie hat das Gefühl fremdbestimmt zu werden. Protokolle kann sie aus Zeitgründen nicht mehr lesen. Damit bleibt auch das ein oder andere Missverständnis unbemerkt.

Monika kommt zugute, dass sie ein sehr gutes Gedächtnis hat und somit meist noch weiß, was besprochen wurde und wer welche Aufgaben bekommen hat. Somit nutzt sie Kaffeepausen und Mittagessen, um diese Informationen abzurufen und die Kollegen nach dem Fortschritt zu fragen.

Noch hat sie den Überblick, nur leider ist dieser nicht mehr wie gewohnt dokumentiert, sondern in ihrem Kopf. Damit ist er nicht mehr allen zugänglich und manche Entscheidungen, die nachzulesen sind, sind mittlerweile überholt oder auch revidiert worden. Aus dem Grund ist die aktuelle Projektdokumentation nicht mehr zu gebrauchen. Das merken auch die Stakeholder.

Und schon kommen die ersten Meetinganfragen vom Auftraggeber für ein Statusupdate. Er hätte gesehen, dass der letzte Statuseintrag schon wieder fast zwei Wochen alt ist und das beunruhige ihn etwas. Sowieso würde er im Moment ungewöhnlich lange auf Feedback von Monika warten und habe das Gefühl, nicht richtig zu wissen, was aktuell im Projekt läuft. Er möchte eine kurze Rückmeldung, wo das Projekt steht und ob Monika evtl. Hilfe bräuchte. Das Projektmanagement Office hätte noch Kapazitäten frei und er könne sich eine Zusammenarbeit hier gut vorstellen, um Monika zu entlasten.

Etwas pikiert sitzt Monika nun an ihrem Schreibtisch. „Zum Glück habe ich ein Einzelbüro" denkt sie sich. „In so einer Stimmung muss mich nun wirklich niemand sehen. Das gibt nur komische Fragen und die anderen haben selbst genug Probleme." Sie versinkt kurz in ihren Gedanken. Was denkt der Auftraggeber nun von ihr. Meint er, sie schaffe das alles nicht und sei überfordert? Das Bild will sie so nicht stehen lassen.

Sie kommt zu der Überzeugung, dass sie den Rückstand in ihren Aufgaben wieder aufholen muss. Innerhalb von zwei Tagen sollte das machbar sein. Wenn sie immer eine Stunde vor den anderen da ist und abends noch eine halbe Stunde zuhause arbeitet, ist sie schnell wieder up to date. Schließlich hat sie noch immer jedes Projekt alleine gemeistert. Gesagt, getan. Die nächsten zwei Tage kommt Monika früher ins Büro, arbeitet sukzessive ihre Rückstände auf und ist ziemlich schnell wieder auf dem aktuellen Stand.

Nach den zwei Tagen hat sie sich so daran gewöhnt, früher aufzustehen, dass sie beschließt, das noch eine Weile weiter zu machen. Morgens bekommt man viel abgearbeitet, was ansonsten liegen bleiben würde, das lohnt sich allemal. Und so kann sie sich wappnen und vorbereitet sein für die nächsten Probleme, die sich schon anbahnen. So einen zeitlichen Vorsprung zu erarbeiten, kann nicht schaden. Immerhin möchte sie das Projekt ja erfolgreich abschließen und sich beweisen, so wie zuvor auch. Das sollte kein Problem sein. Eine Datenmigration läuft in der Regel immer nach dem gleichen Schema ab. Mal sind die Abweichungen größer, mal geringer. Aber im Großen und Ganzen sollte das Projekt kein Problem für sie darstellen. Noch hat sie jedes Problem gemeistert.

Sie überlegt kurz. War sie denn schon einmal nicht erfolgreich? Ja genau. Ein Projekt hat einmal nicht ganz so geklappt und wurde unter einem Vorwand abgeschlossen, damit niemand das Gesicht verlieren musste. Aber im Prinzip wussten damals alle, das Projekt war ein reiner Verlust. Zum Glück ist das lange her und war zu Beginn ihrer Karriere gewesen. So was ist ihr seither nicht mehr passiert, obwohl die Projekte von Mal zu Mal anspruchsvoller werden.

4.2.1   Arten von Erwartungen

Wir haben Monika in einer stressigen Situation kennengelernt. Das sind meistens die Situationen, in denen die eigenen Erwartungen, die wir an uns selbst haben, deutlich hervortreten. Diese setzen uns bewusst oder unbewusst unter Stress, weil wir einen inneren Druck verspüren, diesen Erwartungen, die wir an uns selber haben, gerecht zu werden und erfüllen zu wollen.

Ordnen wir nun die in unserem Beispiel dargestellten Verhaltensweisen den verschiedenen Erwartungsarten zu, so können wir leichter erkennen, was die Ursache für den Stress und das daraus resultierende Problem sein können. Dazu müssen wir aber erst noch die grundlegenden Erwartungen hinter dem Verhalten erkennen. Das ist oftmals gar nicht so einfach und nicht eindeutig von außen erkennbar.

4.2.1.1 Selbstwirksamkeitserwartung (SWE)
Der Wunsch beispielsweise, ohne Hilfe **alles alleine** hin zu bekommen, stellt eine intrinsische Motivation für das eigene Handeln dar. Man ist überzeugt, die Leistung aufgrund der eigenen Kompetenz und Erfahrung selbst erbringen zu können. Hilfe von anderen anzunehmen vermittelt Personen mit solch einer Erwartungshaltung das Gefühl von eigener Schwäche und Unzulänglichkeit. Daher fällt es ihnen schwer, die eigenen Schwächen und Grenzen wahrzunehmen und sich einzugestehen.

In eine ähnliche Richtung zielt das Verhalten ab, seinen Alltag **selbst organisieren** zu wollen. Also Herr des eigenen Schreibtisches sein und nicht fremdbestimmt werden zu wollen. Hier steht die Überzeugung im Vordergrund, alles selbst schaffen zu können und selbst am besten zu wissen, was wann zu tun ist, um die eigene Zeit optimal nutzen zu können. Wird von einem dritten vorgegeben, was wann zu tun ist, kann schnell das Gefühl der Bevormundung entstehen, das mit Trotz quittiert wird.

Selbstwirksamkeitserwartungen sind intrinsisch getrieben und in erster Linie in dem eigenen Selbstbild begründet. Unter Umständen muss dieses auch angepasst werden, weil es nicht der Realität entspricht oder zu hohe Erwartungen an einen stellt und einen damit überfordert (vgl. Abschn. 3.1). Vielleicht hat man sich selbst überschätzt, vielleicht die Situation falsch eingeschätzt und ein paar Komponenten übersehen. Wahrscheinlich ist dieser Bereich der schmerzhafteste, um daran zu arbeiten (Schönbach 2013, S. 48).

4.2.1.2 Ergebniserwartung
Wenn aufgrund der eigenen Handlung ein gewisses Ergebnis erwartet wird, so sprechen wir von Ergebniserwartung. Dies ist sehr deutlich, wenn wir lesen, dass Monika einen gewissen

Qualitätsanspruch an ihre Arbeit hat. Sie möchte durch ihr Handeln direkt sehr gute Ergebnisse erzielen. Dieser Zusammenhang hat den positiven Nebeneffekt, dass die Ergebnisse oftmals direkt erkennbar sind und so eine Rückkopplung auf die Motivation haben.

Das gilt auch für ihr Ziel **Erfolgreich zu sein**. Wir nennen es nicht Wunsch, sondern Erwartung, denn in unserem Beispiel geht Monika ja davon aus, dass sie die Kompetenz und das Wissen hat, um erfolgreich zu sein und dass ihr dies auch erwartungsgemäß aufgrund ihrer Erfahrung möglich ist. Spannend in diesem Zusammenhang ist vielmehr die Frage: „Wann genau bin ich erfolgreich?". Das ist so ein bisschen wie die Frage nach der „beruflichen Erwartung". Es erscheint wie ein Platzhalter, immerhin weiß ja jeder was gemeint ist, da jeder erfolgreich sein will und eine gewisse Erwartung an seinen Beruf hat. Dennoch versteht jeder etwas anderes darunter und nur wenige können dies konkret formulieren. Das macht es schwer, diese Erwartung zu erfüllen. Sowohl für den Arbeitgeber, als auch für einen selbst, der erfolgreich sein will.

Für die Umgangsweise mit dieser Art der Erwartung sei darauf hingewiesen, dass wie so oft viele Wege nach Rom führen. Wenn es die Erwartung ist, durch das eigene Handeln ein gewisses Ergebnis zu erzielen, so kann auch gut ein anderer Weg, sprich ein anderes Vorgehen, eine andere Handlung gewählt werden, um das gleiche Ergebnis zu erzielen, das erwartet wurde. Wenn erfolgreich sein bedeutet, dass alle positiv von einem sprechen, dann muss das nicht zwingend damit einhergehen, dass ich das Projekt in „Time & Budget" zu Ende bringe.

4.2.1.3 Instrumentalitätserwartung

Die Erwartungen an einen selbst können den Selbstwirksamkeitserwartungen zugeordnet werden, solange dieses Verhalten auf der Erwartung basiert, aufgrund der eigenen Kompetenz dieses Ergebnis erreichen zu können. Ist dieses Verhalten jedoch begründet auf dem Wunsch nach Anerkennung oder darauf, den anderen etwas beweisen zu wollen, sind wir bereits in der Instrumentalitätserwartung. Wichtig ist diese Unterscheidung für die Anknüpfpunkte, wie mit den Erwartungen umgegangen werden muss. Besonders, wenn sie drohen, nicht erfüllbar zu sein.

Wie bei unserer Monika, so kann die Erwartung **fit für die Zukunft** sein zu wollen eine Instrumentalitätserwartung darstellen. Durch das Handeln (Überstunde) ist man seiner Zeit voraus (Ergebnis). Wenn nun etwas Ungeahntes eintritt, ist man bestens vorbereitet, weil schon Notfallszenarien parat sind oder eine Arbeit schon im Voraus erledigt wurde und daher Luft für andere Sachen ist. Und wie bereits erwähnt steht die Erwartung im Raum, dass, wenn man alles im Griff hat, man die Anerkennung bekommt, die man sich erwünscht und dadurch eine Beförderung im Job anstebt.

Berufliche Erwartungen können ebenfalls als Instrumentalitätserwartung gewertet werden. Denn letztendlich versucht jeder durch seine Handlung ein gutes Ergebnis zu erreichen, mit dem Ziel, dass man letzten Endes befördert wird oder eine Gehaltserhöhung bekommt, spannendere Projekte zugeteilt oder mehr Verantwortungsbereiche bekommt. Oftmals ist erlebbar, dass Mitarbeiter ihre beruflichen Erwartungen an sich selbst nicht explizit machen. Während sich ein Sportler gezielt vornehmen kann, innerhalb von 12 Monaten für einen Marathon fit zu sein und die 42 Kilometer in 4:00 Stunden zu absolvieren, trifft man solch einen „Trainingsplan" im Berufsleben doch eher selten an. Das bringt uns wieder zu dem Thema Ergebnisse des vorherigen Abschn. 4.2.1.2.

4.2.1.4 Kontrollüberzeugung

Bei der Kontrollüberzeugung geht es darum, durch das eigene Handeln Einfluss auf das Ergebnis nehmen zu können. Also nicht direkt an der Ergebniserstellung teilzuhaben, sondern vielmehr sie zu beeinflussen. Aus dem Grund zählt die eigene Erwartung „**Alles im Überblick zu haben**" hier dazu. Wenn man alles im Blick hat, dann kann auch gezielt Einfluss auf bestimmte Dinge genommen werden. Schließlich weiß man, was wo läuft und kennt die Zusammenhänge. Dieses Steuern ist nicht möglich, wenn man nicht weiß was zurzeit wo passiert. Dann kann im besten Fall nur noch das Feuer gelöscht und korrigiert werden, wenn etwas nicht so läuft wie es soll.

Die Erwartung an sich selbst, immer **termingerecht** zu liefern, oder zeitnah Feedback zu geben, kann ebenfalls in die Kategorie Kontrollüberzeugung fallen. Und zwar dann, wenn durch das eigene Handeln Einfluss genommen werden soll auf das weitere Geschehen oder es auch als Vorbild für andere dienen soll. Kommt das Feedback zu spät, oder werden Ergebnisse nicht termingerecht geliefert, so kann es passieren, dass ohne den Input weitergearbeitet wird und man vor vollendete Tatsachen gestellt wird. Damit schwindet die Möglichkeit, Einfluss nehmen zu können. Selbst wenn auf den Input gewartet wird, so verstreicht kostbare Zeit und man muss somit schon wieder gewisse Optionen aus terminlichen Gründen ausschließen.

4.2.1.5 Attribution

Ein Schubladendenken, das nicht unbedingt richtig sein muss, aber doch oft zu erkennen ist, ist die Erwartung an sich, als guter Projektleiter **allen gefallen zu wollen**. Sei es gegenüber dem Team, das man bei Laune halten will oder gegenüber Stakeholdern, um nicht ihre Gunst zu verlieren. Wer einen guten Job macht, sorgt dafür, dass alle zufrieden sind und alle Erwartungen erfüllt werden können. So eine gängige Meinung. Diese Erwartungshaltung ist sehr schwierig und je nach Umfeld unmöglich zu erfüllen. Die Kunst besteht darin, herauszufinden, welche Stakeholder die wichtigsten sind, wessen Erwartungen erfüllt sein müssen und was man dazu beitragen kann, ohne sich zu verstellen und die eigene Authentizität zu verlieren.

4.2.2   Merkmale und Wirkungen

Egal um welche Kategorie von Erwartungen es sich handelt, jede gesetzte Erwartung, die ich an mich habe, hat Einfluss auf mein Verhalten. Und zwar sowohl auf mein Verhalten, welches meine Arbeit betrifft, als auch mein Verhalten gegenüber anderen.

Wer sich etwas genauer beobachtet, wird feststellen können, dass Erwartungen, die man an sich selbst hat auch ziemlich schnell zu Erwartungen an andere werden. Dazu aber im nächsten Kapitel mehr (vgl. Abschn. 4.3).

Aber auch der andere Fall kann eintreten. Nämlich der, dass meine Erwartungen, die ich an mich habe, die Erwartungen schüren, die andere an mich haben. Wenn ich beispielsweise die Erwartung an mich habe, immer pünktlich oder sogar früher Ergebnisse zu liefern, so wird diese Erwartung, die ich an mich selbst habe, früher oder später außenwirksam und transparent. Somit wird schnell bei anderen die Erwartung geweckt, dass ich meine Ergebnisse immer früher abliefere als vereinbart. Wenn ich dies einmal nicht schaffe, erfülle ich die Erwartung der anderen an mich, die ursprünglich mal meine war, nicht und es entsteht Unzufriedenheit auf beiden Seiten.

Erwartungen können als Treiber und Motivator dienen. Ein gesunder Ehrgeiz lässt mich eine Extrameile gehen. Sind die Erwartungen jedoch zu hoch, kann dies zu einem hohen Leistungsdruck an mich selbst führen, der dann in Stress ausartet. Nach jedem Sprint braucht es auch wieder eine kurze „Verschnaufpause".

Welche Erwartung als zu hoch oder angemessen gilt, kann je nach Projekt und Person variieren. Das liegt daran, dass mein Handlungsspielraum nicht alleine durch mich definiert, sondern auch durch mein Umfeld und durch externe Faktoren beeinflusst wird. Daher sind diese von Projekt zu Projekt unterschiedlich. Wenn ich beispielsweise in einem Projekt mit erfahrenen Entwicklern zusammenarbeite, die alle an einem Standort sitzen und der Auftrag klar formuliert ist, werden meine Erwartungen an mich selbst, in Bezug auf einen reibungslosen Ablauf, höher sein, als im Vergleich zu einem Projekt, in dem das Team international aufgestellt ist und viele Stakeholder mit unterschiedlicher Meinung involviert sind. Hier wird meine Erwartungshaltung in Bezug auf einen reibungslosen Ablauf eher geringer sein. Dafür ist es wahrscheinlich, dass ich die Erwartung an mich habe, eine bessere Projektdokumentation als Basis für alle (und natürlich zur persönlichen Absicherung) zu erstellen.

Was man aber mit Sicherheit sagen kann, ist, dass eine Basismenge an Erwartungen immer gleichbleiben wird. Diese Basismenge an Erwartungen an mich selbst und an meine Person spiegeln die eigenen Werte wider. Solche Erwartungen ziehen sich über den Arbeitsalltag hinaus in das Privatleben. So wird sich wohl die Erwartung an sich selbst, im Arbeitsalltag pünktlich zu sein oder wertschätzend mit anderen Menschen umzugehen, auch im privaten Umfeld, beispielsweise im Umgang mit der Familie wiederfinden. Sich selbst und sein Verhalten zu beobachten und zu hinterfragen kann helfen, hier gewisse Erwartungshaltungen bei sich selber zu entdecken. Oft sind es Kleinigkeiten, die ganz unbewusst ablaufen. Sei es, dass immer jeder Fussel vom Boden aufgehoben wird, weil man es immer ordentlich haben will, dass man immer pünktlich ist, oder darauf bedacht ist, dass Gäste immer ein volles Glas zu trinken haben.

Erwartungen verändern sich mit der Zeit und damit auch das eigene Verhalten. Je länger ich in einem Projekt involviert bin, umso besser sind mir die Abläufe, die Personen und die unterschiedlichen Zusammenhänge bekannt. Während die Erwartung hier vielleicht zu Beginn noch niedrig war, Entscheidungen autonom treffen zu können, werde ich im Laufe der Zeit mit der gemachten Erfahrung immer mehr die eigene Erwartungshaltung haben, die Lage trotz komplexer Sachverhalte ohne fremde Hilfe beurteilen zu können. Dieser Prozess kann auch bei meinem Gegenüber stattfinden, so dass er meint, ich müsse alles überblicken. Dieser Prozess kann manchmal auch zu schnell ablaufen, schneller als einem lieb ist. Hier gilt es aufzupassen, dass man sich nicht übernimmt.

Dass die eigenen Erwartungen an einen zu schnell zu hoch gesetzt werden kann zum Beispiel auch daran liegen, dass man andere beeindrucken will durch das eigene Verhalten (Instrumentalitätserwartung) oder Kontrolle und Einfluss behalten möchte (Kontrollüberzeugung) und sich daher an äußere Einflussfaktoren anpassen muss, um diese Möglichkeit zu behalten. Manchmal überschätzt man die äußeren Faktoren aber auch und schraubt die eigenen Erwartungen an sich so hoch, dass sie fast nicht zu erreichen sind. Hier gilt es genau zu prüfen, was hinter den eigenen Erwartungen steckt und wie damit umgegangen werden soll (vgl. Abschn. 4.2.3). In dem Fall stellt sich die Frage, ob die Erwartungen gerechtfertigt sind und wenn ja, ob es vielleicht andere Wege gibt, um diese Erwartungen zu erfüllen.

4.2.3 Umgang und Methoden

Im Nachhinein zu erkennen, was ich für Erwartungen an mich hatte, ist recht einfach, vorausgesetzt ich nehme mir die Zeit dazu. Aber hilfreich wäre es doch schon während des Projekts zu erkennen, wo ich Erwartungen an mich selbst gesetzt habe und was ich mit dieser Erwartung bezwecken will. Möchte ich einfach etwas aufgrund meiner Fähigkeiten erstellen, etwas beeinflussen oder nachgelagerte Ziele erreichen? Wenn wir uns dessen bewusst werden, fällt es uns leichter, entweder die Erwartungen anzupassen oder auch zu erkennen, dass es noch andere Wege gibt, um das Ziel zu erreichen, die uns unter Umständen weniger Stress und Mühe machen. Aus dem Grund soll es in diesem Abschnitt nun darum gehen, wie wir die Erwartungen an uns im Projektverlauf immer wieder erkennen und überprüfen können.

Sicher ist es am einfachsten, sich zu Beginn hinzusetzen und zu überlegen, welche Erwartungen ich an mich für das kommende Projekt habe. Ich erstelle quasi eine „Balance Expectation Score Card". Gut, Spaß bei Seite. Das wird wohl niemand machen, oder auch nicht können. Denn viele Erwartungen, die wir an uns selbst haben, sind wir uns ja nicht einmal bewusst. Also was tun?

Ein guter Ansatz hierfür ist die Reflektion, d. h. zu überprüfen, was ich im letzten Projekt gut gemacht habe und was mich unter Stress gesetzt hat. Oft basieren die Punkte, die Stress verursachen oder Druck aufbauen auf zu hohen Erwartungen an einen selbst. Also heißt es, ganz ehrlich zurückzuschauen und zu prüfen, was die Stresstreiber gewesen sind. Liegt es am „Alles-Verstehen-Wollen", obwohl das fachliche Know-How noch gar nicht aufgebaut ist? Oder war, oder ist es die Devise, es allen recht machen zu wollen, was sowohl theoretisch inhaltlich als auch praktisch zeitlich betrachtet fast nicht machbar ist? Unter Umständen sind es aber auch fremde Erwartungen, die ich mir zu Eigen gemacht habe, ohne es gemerkt zu haben. Also Erwartungen, die jemand anderes an mich hatte und die ich nun als meine eigenen aufgefasst habe, obwohl sie gar nicht angemessen sind.

Eine gute Gewohnheit kann es sein, sich solche Fragen nicht nur am Ende des Projektes zu stellen, sondern immer wieder kleine Retrospektiven durchzuführen und eine kleine Checkliste durchzugehen. So ist es möglich, implizite Erwartungen explizit zu machen und auch zu prüfen, ob die Erwartungen eigentlich gerechtfertigt sind und das richtige Maß haben.

Regelmäßige Retrospektiven (oder kurz „Retros") sind auch deswegen hilfreich, weil wir ja zuvor gesagt haben, dass sich Erwartungen ändern können. Es gibt aber nicht nur den Fall, dass ich in einer Retro feststelle, meine Erwartungen an mich haben sich geändert, sondern auch den anderen Fall, dass eine Retro zeigt, dass meine eigenen Erwartungen angepasst werden müssen. Eine Retro ist also in beiden Fällen hilfreich.

Und für alle, die jetzt beim Lesen tief durchatmen, sei gesagt: Ja, auch das kostet Zeit. Sowohl die Zeit, die man sich nehmen muss, um seine eigene persönliche Retro durchzuführen und sich Gedanken zu machen, als auch Zeit, um überhaupt zu lernen, mit den eigenen Erwartungen umzugehen, sie wahrzunehmen und greifbar zu machen. Hierzu bietet es sich an, die Gedanken, die einem dazu kommen, schriftlich festzuhalten. So werden sie konkret, können hinterfragt und angepasst werden. Und das schriftliche Festhalten hat noch eine emotionale Komponente, wenn es darum geht etwas verbindlich zu machen. Aufgeschrieben ist es konkreter und bindender, anstatt alles nur in Gedanken durchzugehen. Und vielleicht gibt es ja auch das ein oder andere Schmunzeln oder Aha-Erlebnis, wenn nach der vierten Retro alte Aufzeichnungen durchgelesen werden und man sich wundert, was man damals eigentlich für Erwartungen an sich hatte.

Nachfolgend gibt es noch einen Vorschlag, wie so eine Checkliste für eine Erwartungs-Retro aussehen kann.

Für die Praxis

- In welchen Momenten war ich besonders gestresst?
- Waren hier unter Umständen meine Erwartungen an mich Grundlage für den Stress?
  - Erwartungen, obwohl fachliches Wissen fehlt
  - Allen/jemandem gefallen wollen
  - Nicht nein sagen zu können (Zeit versus Arbeitspensum)
  - Fremde Erwartungen zu meinen eigenen gemacht
- Um welche Art von Erwartungen handelt es sich (SWE, Instrumentalität, Ergebniserwartung, Kontrollüberzeugung, Attribution)?
- Hätte ich noch andere Wege gehabt, die Erwartungen zu erfüllen?

Wer sich schwer tut, überhaupt zu erkennen, was eine Erwartung ist, was genau hier aufgeschrieben werden soll und was das Ganze bringen soll, für denjenigen kann es ratsam sein, sich Hilfe von außen zu holen. Das kann ein Peer (also ein Kollege in einer ähnlichen Rolle oder Position), ein Coach, ein Mentor oder ein Betreuer sein. Einfach jemand, dem man vertraut, der einen im Alltag erlebt und bereit ist Feedback zu geben und zu unterstützen. Mit dieser Person können die Fragen zusammen besprochen werden. Unter Umständen kann die Person auch allgemein Feedback geben zu dem, wie sie einen im Alltag erlebt. Das hilft zu erkennen, wo man sich selbst vielleicht über- oder auch unterfordert und seine Erwartungen in die eine oder andere Richtung anpassen muss. Diese Person kann auch helfen, nicht erfüllbare Erwartungen in erfüllbare zu transferieren.

Die richtige Person hierfür zu finden ist nicht einfach. Und auch hier gilt wieder, das Ganze kostet Zeit, sowohl das Suchen, als auch die Gespräche zu führen. Und zwar sowohl für den „Betreuer" als auch für mich als Fragenden. Aber meine Erfahrung zeigt, dass der zeitliche Aufwand von Mal zu Mal abnimmt, der daraus resultierende Vorteil aber im Gegenzug zunimmt. Auf viele Dinge kann man nun selber achten und sich selber weiterentwickeln, indem man im Alltag versucht, das zu berücksichtigen, was im Gespräch erarbeitet wurde. Zum Beispiel realistischere Erwartungen an sich zu stellen. Erwartungen, die einen fordern aber nicht überfordern und damit keinen ungesunden Stress produzieren, sondern stattdessen antreiben und motivieren.

4.2.4 Konsequenzen

4.2.4.1 Erwartung erfüllt

Es gibt verschiedene Arten mit erfüllten Erwartungen an sich selbst umzugehen. Die meisten werden sich wohl einfach nur denken „na, das hat doch mal geklappt". Schließlich hatte man ja die Erwartung an sich, dass es funktioniert. Waren die eigenen Erwartungen sehr hoch oder vielleicht auch für das Umfeld und den Kontext anspruchsvoll, ist es wahrscheinlich, dass man sich bewusst über den Erfolg freut und überglücklich ist, dass alles geklappt und Erfolg sich eingestellt hat. Zufrieden und mit Stolz schaut man auf das Erreichte zurück.

Vielleicht ist es jetzt aber auch an der Zeit zu reflektieren:

Was für ein Aufwand musste erbracht werden, um die eigenen Erwartungen zu erfüllen? Stehen Aufwand und Ergebnis in einem guten Verhältnis? Wie geht es weiter? Müssen die eigenen Erwartungen für das nächste Mal angepasst werden? Was waren hier die kritischen Erfolgsfaktoren?

Es ist oftmals gar nicht so einfach eine Situation kritisch zu hinterfragen, vor allem, wenn es ein erfolgreiches, positives Ergebnis mit sich bringt. Aber ich bin davon überzeugt, dass jeder Erfolg mit einer Erfahrung einhergeht. Und es lohnt sich immer, kurz innezuhalten und zu prüfen, was passiert ist, warum und was ich für die Zukunft daraus lernen und weiter so handhaben will.

4.2.4.2 Erwartung nicht erfüllt

Was passiert, wenn wir unseren eigenen Erwartungen nicht gerecht werden? Bereits an anderer Stelle haben wir davon gesprochen, dass dies Stress verursacht. Vielleicht folgen auf diesen Stress noch andere Emotionen wie Unzufriedenheit, Frustration oder sogar Wut auf sich selber. Damit nehmen wir uns jedoch genau die Kraft, die wir zur Bewältigung der aktuellen Herausforderungen benötigen würden (Heini, HR und Leadership, 2014).

Das Nichterfüllen kann bei Pessimisten auch zu Selbstzweifeln, Niedergeschlagenheit und Enttäuschung führen. Die Optimisten unter uns werden vielleicht eher sagen „Schwamm drüber, machen wir es eben nochmal" oder versuchen sich es schön zu reden. Der Realist wird versuchen, die Situation sachlich anzugehen und zu hinterfragen. Hier gilt es, durch Selbstreflektion zu prüfen, ob die Erwartungen angemessen waren und warum sie nicht erreicht wurden.

Projekte sind nicht in einem abgekapselten Raum unterwegs, sondern werden auch immer von externen Faktoren beeinflusst. Es lohnt sich also einen Blick darauf zu werfen, ob unter Umständen hier externe Faktoren einen Beitrag dazu geleistet haben, dass eigene Erwartungen nicht erfüllt werden konnten.

Wichtig ist auf alle Fälle, dass ich mir bewusst bin, dass zu hohe Erwartungen an mich selbst mich kaputt machen und im schlimmsten Fall zu einem Burn-out führen können. Aus dem Grund gilt es, eine Negativspirale zu vermeiden, in der man versucht aufgrund nicht erfüllter Erwartungen alle weiteren Erwartungen besser zu erfüllen und sich so noch mehr unter Druck setzt, was dann dazu führt, dass auch diese Erwartungen wieder nicht erfüllt werden und sich Selbstzweifel einstellen oder eben noch mehr Druck aufkommt. Hier muss rechtzeitig eingegriffen und die Bremse gezogen werden, notfalls auch von außen.

Eine Hilfestellung kann zum Beispiel sein, sich das große Ganze in Erinnerung zu rufen und neu zu priorisieren: *Wie wichtig ist meine Erwartung und wie groß darf ich sie maximal machen, damit sie nicht Überhand gewinnt und zu groß wird?*

Oft erkennt man nicht, dass man auf dem Weg in eine solche Spirale ist. Hier kann es helfen, wieder einen Coach zu Rate zu ziehen oder eine vertraute Person um Feedback zu bitten. „Was meinst du, warum ging das schief, was könnte ich besser machen, wie komme ich aus der Situation raus?"

Wenn man niemanden für solch einen Austausch hat, kann unter Umständen die Frage nach einem Vorbild helfen. „Was würde die Person x an meiner Stelle tun". Aber hier sei zur Vorsicht geraten. Der Vergleich soll als Impuls dienen und nicht als Maßstab. Wenn ich die Erwartungen habe, eine Situation genau so gut wie mein Vorbild zu meistern, dann schüre ich erneut Erwartungen, die ich wahrscheinlich nicht erfüllen kann. Jeder Mensch hat andere Stärken und Schwächen. Das Fragen nach dem Verhalten anderer soll Ideen und Anregungen zu Lösungsansätzen liefern, auf die man selbst vielleicht nicht gekommen wäre. Die Frage dient nicht dazu, die Schuhe eines anderen anzuziehen.

Nicht erfüllte Erwartungen sollten immer als Lerngelegenheit gesehen werden. Warum ging etwas schief? Was kann ich das nächste Mal besser machen, auf was muss ich achten? Diese Chance sollten wir nutzen und immer versuchen, aus den gemachten Erfahrungen zu lernen. Auch hilft es Maßnahmen zu definieren, wie mit gescheiterten Erwartungen umgegangen werden soll und was wir daraus gelernt haben. Eine positive Einstellung ist meiner Meinung nach hier sehr wichtig (Abb. 4.2). Zum einen, um sich selbst zu schützen, wenn etwas nicht funktioniert. Zu schnell ist man im Strudel der Selbstzweifel und

Abb. 4.2 Meine Erwartungen
an mich

Ich habe keine
Ahnung was
passieren wird –
und ich liebe es

Vorwürfe, wie wir noch sehen werden. Zum anderen aber auch, weil es unrealistisch ist, immer und zu jeder Zeit allen Anforderungen gerecht zu werden. Wir sind Menschen und keine Maschinen. Wir haben gute und nicht ganz so gute Tage. Keiner ist perfekt, auch wenn wir es manchmal vielleicht gerne wären.

Zur Vertiefung

1. Welchen Einfluss haben meine Erwartungen an mich auf mein Verhalten?
2. Wie kann ich mir meiner Erwartungen bewusst werden?
3. Wie gehe ich mit meiner Erwartungshaltung im Alltag um?
4. Kann man ohne Erwartungen an sich selbst sein oder entspricht das der Gleichgültigkeit?
5. Machen bewusste Erwartungen unglücklich? Bin ich nicht glücklicher, wenn ich etwas erreiche ohne vorher Erwartungen gehabt zu haben?
6. Perfektionismus verhindert erfolgreiche Kommunikation.
7. Meine Erwartungen an mich bilden oftmals einen Spiegel meiner Stärken und Schwächen.

4.3   Meine Erwartungen an andere

> *Die Erwartung des Publikums reduziert sich nach und nach auf das Niveau der Teilnehmer. (Tom Borg)*
> *Lachen: Ein Affekt aus der plötzlichen Verwandlung einer gespannten Erwartung in nichts. (Immanuel Kant)*

Mittlerweile hat Monika alles aufgearbeitet und ist wieder in ihrem ursprünglichen Terminplan. Ihr Ehrgeiz hat sie so angetrieben, dass sie gar nicht registriert hat, dass ihr durchschnittlicher Arbeitstag mittlerweile 9,5 Stunden hat.

Das geht nun schon seit mehreren Wochen so. Monika steht bei ihrem lieb gewonnenen 6:30-Uhr-Kaffee allein in der Teeküche und genießt die noch morgendliche Ruhe. Ist es eigentlich selbstverständlich, dass man als Projektleiter so früh da ist, um alle Themen zum Fliegen zu bringen? In dieser Unternehmenskultur scheinbar schon. Denn sie kann sich nicht erinnern einmal in der ganzen Zeit ein „Danke" gehört zu haben oder eine andere Art von Anerkennung oder Wertschätzung für ihren Einsatz. Ein bisschen ärgert sie das schon. Sieht denn keiner, was sie für einen Einsatz bringt?

Sie nimmt ihre halb leere Kaffeetasse und geht langsam an ihren Arbeitsplatz. Dort liest sie die neu angekommenen E-Mails. Zugegeben, viele sind es nicht. Sie ist ja meist die letzte, die abends geht und die erste, die morgens wieder da ist. Doch ihr Auftraggeber, Felix Rutschmann, hat tatsächlich heute Nacht um 0:30 Uhr noch eine E-Mail geschrieben. Er möchte sich heute dringend mit ihr zusammensetzen. Er habe sich ihren Bericht angeschaut und sei aufgrund der geschätzten Restaufwände zu dem Schluss gekommen, dass auf die Migration einer Anwendung verzichtet werden könne. Dadurch sollen Zeit und Geld gespart werden. Er hätte diese Entscheidung auch bereits mit den anderen Bereichsleitern abgestimmt.

Das ist wieder typisch Felix. Einfach ins Blaue hinein Entscheidungen treffen ohne zu fragen. Dabei hat er nun genau den Punkt gestrichen, der bereits implementiert wurde. Soll denn nun alles wieder ausgebaut werden? Kann er denn nicht erst fragen und Rücksprache halten? Wie können Entscheidungen ohne alle notwendigen Informationen getroffen werden? Es ist noch nicht mal 7:00 Uhr und die Laune von Monika ist bereits im Keller.

Die ersten Mitarbeiter kommen. Und wie es sich so eingebürgert hat, wird im Flur erst mal eine Runde Tischkicker gespielt. Der Verliere zahlt die erste Runde Kaffee. Monika überlegt, ob sie aufstehen und fragen soll, ob die vier eigentlich nichts Besseres zu tun hätten als Tischkicker zu spielen und ob die Arbeitspakete schon alle abgearbeitet seien. Um eine Diskussion zu vermeiden schließt sie jedoch, demonstrativ und deutlich hörbar, einfach die Türe von ihrem Büro zum Flur.

Mittlerweile ist es fast Mittag und Monika hat sich wieder etwas beruhigt. Ihr Meeting mit Felix war in Ordnung und sie haben nun eine gemeinsame Lösung gefunden, wie Zeit und Budget gespart werden können. Bei der Lösung müssen nun auch bereits umgesetzte Funktionen nicht weggeworfen werden. Aber für das finale OK müssen noch ein paar Analysen gemacht werden. Diese möchte Monika morgen Vormittag mit dem Team durchsprechen und im Anschluss das weitere Vorgehen mit Felix fixieren. Monika hat nun ihr Teammeeting und bittet ihr Team, an einer Analyse zu arbeiten. Die Analyse soll aufzeigen, was es bedeutet, die bestehenden Schlüsseltabellen eins zu eins zu übertragen, anstatt die Schlüssel wie geplant zu konsolidieren und zu standardisieren. Dieser Vorschlag stößt auf massives Unverständnis. Genervte Blicke durchkreuzen das Zimmer, ebenso wie ein Raunen und grimmige Gesichter. Provokativ fragt Monika in die Runde: „Hat jemand ein Problem damit?" – Schweigen. Fast wie aus Trotz entscheidet Monika: „Also gut, dann können wir das ja so machen".

Marc ist der Datenspezialist. Es wird nach seiner Einschätzung gefragt, wie lange so eine Analyse wohl dauern würde. „Bestimmt 8 bis 10 Stunden", lautet die Antwort, „also wird es nichts mit morgen früh". Monika überhört den letzten Teil und freut sich. Wenn jetzt 11 Uhr ist und Peter Marc unterstützt, dann reicht das locker. Das Mittagessen in Form von Sandwiches kann sie besorgen und ihnen bringen, um hier Zeit zu gewinnen.

Und wenn die heute mal 1–2 Stunden länger machen und im Zweifel morgen früh noch 1–2 Stunden anhängen, dann sei das Ergebnis bis morgen 9:30 Uhr ja auf jeden Fall da. Sie sei ja auch immer länger da und komme früher. Dann sollte es für Marc und Peter auch kein Problem sein.

Monika bespricht ihre Gedanken mit Marc und Peter und beide lassen sich überzeugen. Nachdem Monika nochmals die ganze Geschichte aufgerollt hat, wie es zu der aktuellen Fragestellung gekommen ist, ist das Verständnis beim Team da und sie sind bereit, heute spontan etwas länger zu arbeiten. Die Aufgaben sind verteilt und das Teammeeting ist beendet. Monika muss schon wieder zum nächsten Meeting – Business Lunch. Es ging leider nicht anders. Der ganze restliche Tag ist bei ihr auch schon verplant. Macht aber nichts. Die zwei Datenbankexperten sind fit und haben das Problem und ihre Aufgabe verstanden. Sie wissen sich schon zu helfen, wenn es Probleme gibt und werden sich organisieren, um eine Lösung zu finden.

Am nächsten Tag kommt Monika morgens ins Büro und macht sich auf den Weg zu ihrem morgendlichen 6:30-Uhr-Kaffee. Nur diesmal ist sie nicht alleine. Marc und Peter kommen auch grade zur Tür herein. Sie wollten die Zeit nutzen und mit Monika die Ergebnisse durchsprechen, bevor sie zu Felix geht. Monika freut sich über diesen Vorschlag und so setzen sie sich zusammen. Was sie nun weniger freut, ist, was sie sieht. Sicher wollte sie eine Aufstellung davon, was die Konsequenzen sind, wenn die Schlüssel nicht angepasst werden. Aber was ihr fehlt, ist die Bewertung anhand der aktuellen Daten. Ihr fehlt beispielsweise die Aussage, wie viele Datensätze diese individuellen Berufsbezeichnungen nutzen oder wie viele Personen in den „unbekannten" Ländern leben. Länder, die man sich für Stadt – Land – Fluss merken sollte, um möglichst viele Punkte zu bekommen? Fachlich und inhaltlich ist die Aufstellung perfekt. Wie immer bei den beiden. Nur was sie jetzt Felix, der so auf Zahlen – Daten – Fakten fokussiert ist, präsentieren soll, weiß sie noch nicht. Denn hierfür ist die Zeit definitiv zu knapp.

4.3.1   Arten von Erwartungen

In unserem Beispiel sehen wir, dass Monika an unterschiedliche Personen unterschiedliche Erwartungen hat, zum Teil auch an ganze Personengruppen. Andere können demnach Benutzer, Mitarbeiter aus dem eigenen Projekt, Know-How-Träger, Auftraggeber, aus einem anderen Team oder grundsätzlich Stakeholder sein. Letzten Endes eben jeder, mit dem man im Kontakt steht, sei es direkt oder indirekt.

An dieser Stelle wollen wir wieder versuchen, das Verhalten und die Erwartungen den vier Arten von Erwartungen zu zuordnen. Wie zu Beginn dieses Kapitels beschrieben, wird im Folgenden auf die Selbstwirksamkeitserwartung verzichtet, da es sich hierbei, wie der Name bereits andeutet, um mich selbst geht und damit im Zusammenhang mit Erwartungen an andere eine untergeordnete Rolle spielt. Untergeordnet deswegen, weil natürlich meine Erwartung an mich Auswirkungen auf mein Verhalten und auch meine Erwartungen an andere hat. Das würde an dieser Stelle aber zu weit führen und wird daher ausgeklammert.

4.3.1.1 Ergebniserwartung

Wenn ich immer länger arbeite, können die anderen ruhig auch mal eine Stunde länger bleiben. Ich würde das Dokument in 2 Stunden schreiben, warum braucht der andere nur so lange. **Eigene Erwartungen auf andere zu projizieren** passiert ganz schnell und unbewusst. Ich schließe von mir auf andere und bin enttäuscht, wenn sie nicht dann die Ergebnisse liefern, wenn ich es erwarte oder wenn sie nicht so vorgehen, wie ich es tun würde und so weiter.

Wer kennt das nicht, die Erwartung, dass alle von dem gleichen Ziel reden? Damit sind wir wieder bei dem Thema, das anfangs in der Einleitung angesprochen wurde (vgl. Abschn. 1.5). Selbst wenn ich definiere, dass mein Ziel „A" sein soll (Basisfaktor) so gibt es doch einiges, was ich implizit voraussetze, zum Beispiel, dass es sichtbar ist und nicht in weißer Farbe auf weißes Papier geschrieben wird. Vielleicht gehe ich aber davon aus, dass es einfach lesbar ist (Leistungsfaktoren). Begeistern tut es mich, wenn es zum Gesamttext passt und kontextbezogen dargestellt wird. A ist demnach nicht gleich a. Hätten Sie's gedacht?

$$A - \mathbf{a} - A - a - \mathscr{A} - \mathbf{a} - {}_a$$

4.3.1.2 Instrumentalitätserwartung

Hinter der **offenen Kommunikation** stecken oft andere Ziele als nur der rege Austausch innerhalb des Projektes. Durch die offene Kommunikation versuche ich beispielsweise Konflikte früher aufzudecken oder Erwartungen frühzeitig abzugleichen. Unterm Strich erwarte ich also nicht, dass einfach viel geredet wird, sondern dass durch das Reden auch das Projektergebnis und die Teamarbeit besser werden.

Das Streben nach **Anerkennung** für meinen Einsatz kann darin begründet sein, dass ich wirklich nur ein „Danke" hören will und mich damit zufriedengebe. Oft geht es aber über das „Danke" hinaus. Sei es, dass ich das Lob als Referenz möchte für mein nächstes Mitarbeitergespräch oder um mein Ansehen bei anderen Kollegen zu steigern, um mehr Respekt und Achtung zu bekommen. Die Beweggründe muss jeder für sich selbst prüfen. Da aber meist ein übergeordnetes Ziel hinter dieser Erwartung steckt, ordne ich die Anerkennung der Instrumentalitätserwartung zu.

4.3.1.3 Kontrollüberzeugung

Eine Erwartungshaltung von Monika, die in die Kategorie Kontrollüberzeugung fallen kann, ist das Thema **Informationen**. „Ich erwarte, dass ich informiert werde und dass alle relevanten Informationen abgerufen und zusammengetragen werden". Warum fällt diese Erwartung für mich in die Kontrollüberzeugung? Ganz klar: „Wissen ist Macht". Und Wissen bekommt man über Informationen. Nur wenn ich viele Informationen habe, fällt es mir leicht, Zusammenhänge zu erkennen und adäquate Entscheidungen zu treffen. Somit kann ich wieder Einfluss nehmen und die weitere Entwicklung des Projektes lenken. Demnach ist es mein Streben, möglichst immer informiert zu sein. Hier finden wir eine Parallele zu den zuvor besprochenen Erwartungen über eine offene Kommunikation.

Eine andere Art der Kontrolle kann ich aber auch ausüben, indem ich ein gewisses **Commitment** der Leute erwarte. Zum Beispiel wenn ich mich darauf verlassen will, dass etwas, was besprochen wurde auch gilt und getroffene Entscheidungen nicht sofort wieder hinterfragt werden. Oder, wenn ich weiß, ich kann mich auf die Person und ihr Wort verlassen. Hier übe ich nicht direkt Kontrolle aus, vielmehr bekomme ich Sicherheit für den weiteren Verlauf, indem ich mich auf etwas stützen kann. Dadurch bleibt die Situation für mich greifbar und somit auch (gefühlt) kontrollierbar. Wenn sich etwas ständig ändert und nicht verbindlich ist, fällt es mir schwer, in den Prozess eingreifen zu können, da alles ständig im Fluss ist.

4.3.1.4 Attribution

Erwartungen sind oft an Rollen geknüpft. Wenn ich mit einer Person zu tun habe, die eine Senior Rolle einnimmt, so erwarte ich ein anderes Verhalten, eine andere Arbeitsweise und Arbeitsqualität als von einem Junior. Unsere Monika hat dies veranschaulicht durch ihre Erwartung des **selbstständigen Arbeitens**. Das Denken in Rollen oder Schubladen verleitet oft dazu, unbedacht Erwartungen zu stellen. Vielleicht unterschätze ich jemanden, weil er keinen Wert auf Karriere legt und daher einen anderen Titel trägt. Vielleicht hat ein anderer einen Titel aufgrund der Länge seiner Firmenzugehörigkeit und weniger wegen seiner Fachkompetenz.

Auch ein häufiges Verhalten ist die eigene Grundeinstellung **„Mir geht es schlecht, dann musst du mit mir leiden"**. Vielleicht ist es der Wunsch nach Mitleid und Beachtung, Neid, oder einfach auch nur Frust, der ein Ventil braucht. Unter dem Strich bin ich für meine Gefühle selbst verantwortlich. Und erst recht darf ich nicht erwarten, dass andere wissen, wie es mir geht und dass sie die Gefühle mit mir teilen. Wer soll uns denn aus der Spirale dann wieder raushelfen, wenn sich alle solidarisch zeigen? Wenn ich Rücksicht erwarte, dann ist das etwas anderes. Das kann ich für alle verständlich formulieren.

4.3.2   Merkmale und Wirkungen

Jeder Mensch hat andere Stärken und Schwächen. Während beispielsweise meine persönliche Stärke definitiv im analytischen Bereich liegt, tue ich mich mit emotionalen Themen eher schwer. Daher verstehe ich oftmals nicht, warum jemand lieber erst mal mit allen redet und mit allen alles abstimmt, während die Lösung klar auf der Hand zu liegen scheint und durch das Management bereits verabschiedet wurde. Dabei gibt es Leute, denen ist es wichtig, dass sie persönlich informiert werden, dass sie verstehen, was der Hintergrund ist und wie es zu der Entscheidung kam und dass sie die Möglichkeit haben, ihre Meinung dazu zu äußern. Der ein oder andere Leser wird sich hier bestimmt wiedererkennen. Wenn ich nun meine Erwartungen, die ich an mich habe, auf andere projiziere, kann das schnell dazu führen, dass ich mein Umfeld überfordere. Aus dem Grund, weil jeder Mensch andere Fähigkeiten mit anderen Stärken und Schwächen hat und diese nicht unbedingt deckungsgleich sein müssen mit meinen eigenen. Das ist auch gut so, denn erst durch die Unterschiede wird das Team komplett und kann sich ergänzen. Dass die Unterschiede natürlich auch gewisse Spannungen und Herausforderungen mit sich bringen, ist klar. Wie sagt der Volksmund so schön: Es gibt eben immer zwei Seiten einer Medaille.

Besser ist es stattdessen, wenn ich meine eigenen Erwartungen nicht stillschweigend auf andere anwende, sondern meine Erwartungen möglichst frühzeitig auf die jeweiligen Mitarbeiter anpasse und kommuniziere. Dadurch wird aus einem Überfordern ein Fördern und Herausfordern, was in der Regel zu einer höheren Motivation der Einzelnen führt.

Es kann aber auch passieren, dass Erwartungen, die anfangs abgeglichen und nahe beieinanderlagen, mit der Zeit wieder auseinanderdriften. Je mehr man denkt, wie etwas sein müsste und je weniger man darüber spricht, umso wahrscheinlicher wird es, dass die Ergebnisse nicht den Erwartungen entsprechen. Abb. 4.3 veranschaulicht dies durch das „Cocktailglas". Zu Beginn, wenn eine Idee oder Aussage im Raum steht, hat jeder seine eigene Vorstellung, was das Thema beinhaltet und wie eine mögliche Lösung aussehen könnte. Erst wenn die Personen anfangen, miteinander zu reden, nähern sie sich mit ihrer Vorstellung, um was es sich bei dem Thema handelt. Oftmals gehen dann die Parteien wieder auseinander. Da jetzt alles geklärt scheint und vermeintlich klar ist, besteht anscheinend auch kein Grund mehr, sich regelmäßig auszutauschen. Fragen, die jetzt auftauchen und deren Antwort für einen „logisch" erscheint, sorgen dafür, dass oftmals nicht mehr miteinander über die Frage gesprochen wird. Stattdessen wird die eigene Vorstellung der Sache weitergesponnen. Somit gehen die Erwartungen über das Ergebnis langsam wieder auseinander. Das muss nicht so sein, ist aber leider oft so zu beobachten.

Auseinandergehende Erwartungen sorgen natürlich auch für Spannungen und damit für Konfliktpotential. Daher ist es sehr wichtig, darauf zu achten, wo ich welche Erwartungen habe. Der Vorteil im Bereich „Meine Erwartungen an andere" ist, dass ich hier für meine Erwartungen selbst verantwortlich bin und in gewissem Maße auch dafür, dass sie erfüllt werden. Denn nur Erwartungen, die ich kommuniziere und die auch realistisch und erfüllbar für den anderen sind, können erfüllt werden.

Dies zeigt, wie wichtig eine gute Kommunikation ist. Kosten und der Nutzen liegen hier auf der Hand. Wenn jemand der Meinung ist, es wird zu viel geredet und zu wenig gearbeitet und noch ein Meeting sei nur Zeitverschwendung, denn es sei ja alles klar, dann sind das erste Anzeichen dafür, dass der Abgleich dringend notwendig ist. Sich mit

Abb. 4.3 Erwartungsgap

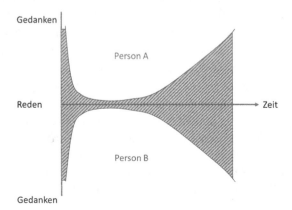

Absicht unwissend zu stellen und nicht verstehen zu wollen worum es geht oder warum es wichtig ist über die Erwartungen zu sprechen, ist in dem Zusammenhang sehr gefährlich. Auch ist es für beide Seiten sehr anstrengend. Absichtliches Missverstehen bringt mich persönlich beispielsweise auf die Palme, selbst wenn es vom Gegenüber lustig gemeint ist. Das ist auch hier eine Frage der Erwartung. Welchen Spaß findet der andere lustig.

4.3.3   Umgang und Methoden

Zuvor habe ich ausgeführt, dass ich selbst dafür verantwortlich bin, dass meine Erwartungen, die ich an andere habe, erfüllt werden. Dieser Abschnitt soll sich nun damit beschäftigen, wie das konkret aussehen kann.

Bei Ergebniserwartungen ist es wahrscheinlich offensichtlich, wie mit diesen umgegangen werden kann. Ergebnisse sind greifbar, beschreibbar und erkennbar. Somit kann ich manche Projektergebnisse im Rahmen der Anforderungsanalyse detailliert beschreiben. Ich kann mich aber auch grundsätzlich dem Mittel des Requirements Engineering bedienen, um Ergebnisse zu definieren. Das gilt für Ergebnisse aus einem Workshop, von Tasks oder ähnlichem. Vielleicht sieht es etwas seltsam aus, hier die gleichen Methoden und Templates zu verwenden oder auch Modelle. Es kann aber helfen, eine gemeinsame Basis zu schaffen und implizite Erwartungen an das Ergebnis explizit zu machen. Die Praxis zeigt, über ein Bild zu sprechen ist leichter als über einen Text. Also warum nicht unsere Erwartungen zeichnen oder modellieren.

Unabhängig davon, um welche Art von Erwartung es sich handelt: primäres Ziel ist immer, sich selbst seiner impliziten Erwartungen an andere bewusst zu werden und diese explizit zu machen. Und das Ganze am besten vor dem Meeting, bevor ich einen Auftrag vergebe oder bevor ich ein wichtiges Gespräch habe. So kann ich mir vor dem Termin überlegen, was das Ziel von dem Termin sein soll, was ich von den anderen erwarte, was könnte zu Missverständnissen führen oder unklar sein, und was erwarten wohl die anderen auch von mir. Sich in die Position des anderen zu versetzen, quasi einen anderen Hut aufzusetzen, hilft, ein Verständnis dafür zu bekommen, was der andere denkt, was seine Herausforderungen und Erwartungen sind. Auf diese Art und Weise kann Missverständnissen leichter vorgebeugt werden. Sicher ist das mit Zeit verbunden und ist nicht für jeden Auftrag und jedes Meeting praktikabel. Je besser man aber sein Umfeld kennt, umso weniger wird man diese Übung machen müssen.

Um meine Erwartungen an andere aufzudecken ist es auch hilfreich, zu schauen, wo meine Bedürfnisse liegen – sprich: um welche Art von Erwartungen es sich eigentlich handelt. Geht es mir um das Ergebnis, möchte ich Kontrolle und Einfluss auf das Geschehen haben oder verfolge ich ein höheres Ziel. Vielleicht beruhen die Erwartungen ja auch einfach auf Schubladendenken, das ich nicht korrigiert habe.

Bereits ganz zu Beginn des Projektes bietet es sich an, über die eigenen Erwartungen zu sprechen. Erwartungen sollten immer als Ich-Botschaften formuliert werden, z. B. „Ich erwarte, dass und das und zwar aus folgendem Grund…". Oft schafft eine Begründung Verständnis, so dass meine Erwartungen von den anderen geteilt werden.

Im Rahmen des Projekt-Set-ups oder des Team Buildings kann das Erwartungsmanagement im Rahmen eines Workshops bearbeitet werden. Ziel des Workshops ist die Ermittlung, Abstimmung und Vereinbarung der Gruppenerwartungen. Dabei sollen die gegenseitigen Spielregeln festgelegt und vereinbart werden. Ausgangspunkt dabei sind die individuellen Erwartungen, die im Rahmen des Workshops zu einer gemeinsamen Sicht in einen Code of Conduct überführt werden. Dadurch sind die Erwartungen für alle transparent und klar ausgesprochen, jeder kann sich zu gegebener Zeit darauf beziehen. Weitere Bezeichnungen dafür sind Guidance Principle oder Ground Rules. Sicherlich werden auch weiterhin unausgesprochene Erwartungen existieren. Aber sicher wird auf die Art und Weise die Sensibilität für das Thema geschärft und der Umgang mit dem Thema ändert sich.

Das bedeutet natürlich auch, dass ich dieses Verhalten vorleben und als gutes Beispiel vorangehen muss, indem ich mich an die festgehaltenen Erwartungen halte. Ich kann nicht von anderen erwarten, dass sie immer pünktlich sind, wenn ich selbst chronisch zu spät komme. Das ist der Unterschied zu den eigenen Erwartungen an mich. Ich darf meine eigenen nicht auf andere übertragen, muss aber meine Erwartungen anderen gegenüber auf mich selbst übertragen, um authentisch zu bleiben. Demnach kann ich mich nicht an einer Stelle mit meinen Erwartungen darauf berufen, dass jemand Senior ist, an anderer Stelle behandle ich ihn aber wie ein Neuling auf dem Gebiet.

Vielleicht merke ich in dem Moment, dass meine Erwartungen zu hoch sind und ich diese anpassen muss. Es gilt wie auch im vorherigen Kapitel: Erwartungen können und dürfen sich ändern. Demnach verlangen sie auch, dass man sie anpasst. In dem Moment sollte das Kommunizieren dieser Änderung nicht vergessen werden. Hier muss ich immer darauf achten, dass der Umgang höflich und wertschätzend bleibt. Auch wenn ich merke, dass ich meine Erwartungen an eine Person anpassen muss, weil diese nicht das leistet, was ich von ihr erwarte, darf die Wertschätzung nicht fehlen.

In dem Fall muss ich gezielt nachfragen, ob die Erwartungen an die Person realistisch und erfüllbar sind. Manchmal werden wir mit einer Person zu tun haben, die nicht zugeben will, dass sie mit den Erwartungen überfordert ist. Hier kann ich direkt Hilfestellung anbieten oder andere Wege suchen, um sie dabei zu unterstützen, ihre Aufgaben zu erfüllen, ohne dass sie um Hilfe bitten muss. Oftmals bietet sich die Möglichkeit an, die Aufgaben zu trennen und damit einen Teil der Erwartungen an eine andere Person zu übertragen.

Erwartungen zu übertragen ist in dem Zusammenhang noch ein gutes Stichwort. Denn sobald ich meine Erwartungen von einer Person auf eine andere übertrage, nehme ich ein gewisses Maß an Verantwortung von ihr und damit auch die Chance, sich zu entwickeln. Die Person bleibt in ihrem bekannten geschützten Rahmen, in dem sie keine Fehler macht und sich sicher bewegt. Das mag zwar kurzfristig der einfachere, mittelfristig aber der schlechtere Weg sein. Das gilt auch, wenn man die Aufgaben in so einem Fall an sich selbst nimmt. *„Wenn du das nicht machst, dann mache ich es selbst."* Dies ist ein schlechtes Vorgehen, auch wenn es leider viel zu häufig in der Praxis eingesetzt wird. Wie kann ich auf diese Art und Weise mein Team dazu bekommen, immer besser und effizienter zu werden?

* Zu Beginn alle Erwartungen im Code of Conduct im Team festlegen
* Gezielt pro Personen prüfen, welche Erwartungen ich an die Person aufgrund ihrer Rolle habe
* Wenn ich einen Auftrag vergebe, welche impliziten Erwartungen habe ich an das Ergebnis?
  – Kennt der andere diese Erwartungen?
  – Ist es realistisch, dass der andere die Erwartungen erfüllt?
* Meine Bedürfnisse hinter den Erwartungen kommunizieren, um der Person eine Möglichkeit zu geben, diese auf unterschiedliche Art und Weise zu bedienen

4.3.4   Konsequenzen

4.3.4.1   Erwartung erfüllt

Interessant ist, was für Emotionen ausgelöst werden, wenn andere meine Erwartungen erfüllen. Ich freue mich mit den anderen, bin zufrieden und vielleicht auch stolz auf die andere Person. Oder ich bin sogar stolz auf mich, weil ich mich bestätigt sehe in meinen Erwartungen an den anderen.

Oft erlebe ich aber, dass der Dank und die Wertschätzung nach außen zu kurz kommen. Vielleicht, weil die Person ja „nur" erfüllt hat, was ich schon erwartet habe (Basisfaktoren) und mich nicht positiv überrascht hat (Begeisterungsfaktor). Trotzdem gilt es hier ein Wort des Lobes und der Wertschätzung zu investieren. Denn mal ehrlich, freuen wir uns nicht auch über ein ernst gemeintes Lob oder Dankeschön, auch in kleinen Dingen des Alltags?

Nicht immer ist es angebracht, aber ab und zu sollte das Team oder die Person auch belohnt werden. Nicht nur verbal mit Lob und guten Worten, sondern vielleicht auch, in dem man einen Award verteilt, einen Apéro organisiert, zum Bier einlädt oder ein Event organisiert. Die Verhältnismäßigkeit muss jedoch gewahrt bleiben.

Was man sicherlich tun sollte ist, hier zu prüfen, unter welchem Aufwand die Erwartungen erreicht wurden. Unter Umständen waren die Erwartungen zu hoch und konnten nur unter extremem Aufwand und Einsatz erreicht werden. Lasse ich die Erwartungen auf dem bisherigen Niveau, laufe ich Gefahr, die Person zu verbrennen und krank zu machen. Waren die Erwartungen zu niedrig oder leicht zu erfüllen, ist die Frage, ob ich sie das nächste Mal nicht etwas höher setzen kann. Zum einen, um die Person zu fördern, zum anderen aber auch, um entsprechend schnellere oder bessere Ergebnisse zu bekommen.

4.3.4.2 Erwartung nicht erfüllt

Die Pessimisten unter uns werden nun sagen, das war ja klar, dass er es nicht hinbekommt. Da kann man eben nichts machen. Das ist so. Eine gewisse Ohnmacht wird spürbar.

Vielleicht entschuldigt man sich aber auch bei der Person, weil man seine Erwartung nicht genau genannt hat und der andere daher auch nicht die Möglichkeit hatte, sie zu erfüllen. Das sind die Optimisten, die davon ausgehen, wenn er die Möglichkeit gehabt hätte, hätte er die Erwartungen erfüllt.

Der Realist wird die Erwartung noch mal prüfen und reflektieren. Er wird die Umstände verstehen und die Gründe erkennen wollen, warum hier etwas auseinanderlief.

Natürlich ist das Ganze sehr stilisiert gedacht. Im Optimalfall wird von jedem ein Stück dabei sein. Emotionen sind menschlich, also wird bestimmt zu Beginn etwas Frust und Enttäuschung dabei sein, wenn die eigenen Erwartungen nicht erfüllt wurden, die doch so klar und einfach waren. Doch sollten wir an der Stelle nicht stehen bleiben, sondern den Dialog mit der entsprechenden Person suchen, um herauszufinden, was die Ursache für das Nichterfüllen ist.

Im Dialog habe ich die Möglichkeit, Feedback zu geben und anzusprechen, was mich stört. Wichtig ist, ein gemeinsames Verständnis für die Sache zu schaffen, wertschätzend zu kommunizieren und ICH-Botschaften zu verwenden. Zusammen kann nun ergründet werden, warum diese Erwartungen nicht erfüllt wurden. Sobald beide ein gleiches Verständnis haben, kann versucht werden, gemeinsam Verbesserungsvorschläge zu finden und Maßnahmen zu treffen, damit es das nächste Mal besser ist.

Zu den Maßnahmen können Workarounds gehören oder Hilfestellungen durch einen selbst oder durch andere. In dem Gespräch werden nun alle Erwartungen zwangsläufig explizit gemacht und besprochen. Wichtig ist hierbei, nicht oberlehrerhaft rüber zu kommen, denn das wirkt eher abschreckend und baut Blockaden auf. Klar darf ich den anderen etwas herausfordern und es ihm nicht zu leicht machen. Aber am Ende muss es doch eine gemeinsame Sicht geben auf das, was beim nächsten Mal anders gemacht werden soll. Hier ist das Commitment ausschlaggebend.

Was auf alle Fälle vermieden werden sollte, ist, dass man selbst kompensiert, wenn andere meine Erwartungen nicht erfüllen. Das mag kurzfristig funktionieren, schlägt aber innerhalb kürzester Zeit zurück (Abb. 4.4). Die Mitarbeiter gewöhnen sich daran, dass ihre

Abb. 4.4 Meine Erwartungen
an andere

Expectation is the root

of all heartache
(William Shakespeare)

„Versäumnisse" abgefangen werden und es wird früher oder später damit gerechnet und auch erwartet. Somit werden aus meinen Erwartungen, die ich an andere hatte, ganz schnell Erwartungen, die andere an mich haben. Was uns zum nächsten Kapitel bringt.

Zur Vertiefung

1. Welche impliziten Erwartungen will ich explizit machen?
2. Wie kommuniziere ich meine Erwartungen an andere?
3. Inwieweit können diese Erwartungen überhaupt erfüllt werden?
4. Was passiert, wenn meine Erwartungen nicht erfüllt werden und wie kann ich dies verhindern?

4.4   Erwartungen anderer an mich

> *Erwartungen anderer sind die Erwartungen anderer. (unbekannt)*
> *Es ist großartig blond zu sein – bei so geringen Erwartungen ist es leicht, jemanden zu beeindrucken. (Pamela Anderson)*

Monika legt sich eine Argumentationskette zurecht und zaubert ein paar Zahlen aus dem Hut, die sie mit gutem Gewissen vertreten kann. So gewappnet macht sie sich also auf den Weg zu ihrem Auftraggeber Felix.

Sie wird mit einem kritischen Blick auf die Uhr begrüßt, obwohl sie doch pünktlich ist. „Ich hätte es begrüßt, wenn ich ihre Arbeit gestern Abend oder heute früh als Vorbereitung auf unser Treffen bereits hätte durchgehen können. Nun haben wir 20 Minuten Zeit für alles und ich hoffe, sie sind sehr gut vorbereitet, damit wir die knappe Zeit gut nutzen können." Das fängt ja gut an. Monika stellt die Analyseergebnisse vor. Was gibt es kurzfristig für Einsparung, mit welchen Problemen muss mittel- bis langfristig gerechnet werden, wie viele Systeme sind betroffen und was wäre die Empfehlung. Natürlich kommt nun noch die Frage nach den konkreten Zahlen. Wenn das mal gut geht. Natürlich nicht. Sofort kommt die Frage, wie die Zahlen zustande kommen und wie sicher sich Monika sei. Ihm fehle etwas Handfestes, eine saubere Übersicht. Das entspreche nicht der erwarteten Qualität.

Monika versteht den Aufruhr nicht ganz. Für sie waren die Zahlen nur als Stütze für die Entscheidung gedacht. Zudem war von Statistiken über alle Systeme von den letzten drei Jahren nie die Rede gewesen. Jetzt muss sie genauer wissen, was dahinter steckt und fragt nach dem Grund für die zusätzlich geforderten Angaben. Felix schaut sie eingehend an und beginnt dann widerwillig mit seiner Erklärung: Jeder Bereichsleiter habe das neue Ziel, seine Anwendungen zu modernisieren. Dazu gehöre auch Anpassung an die von der „word trade organisation" vorgegebenen Rahmenbedingungen. Sowohl die Schlüsselproblematik als auch der Umstieg und die Migration auf das neue CRM System habe Einfluss auf die Strategie. Da nicht alle der von der Migration betroffenen Systeme in seiner Verantwortung liegen, muss er nun den Fokus auf seine Verantwortlichkeit legen. Nur so kann er seine neu auferlegten Ziele erreichen. Basierend auf dem Ergebnis, das Monika ihm abgeliefert habe, kann er zwar eine Entscheidung für das Projekt treffen, nicht aber für seine Ziele als Bereichsleiter.

Nun, da er Monika offen geschildert hat, wie die Situation aussieht, kann sie die Reaktion von Felix nachvollziehen. Kaum hatte sie diesen Gedanken laut ausgesprochen, bedankt sich Felix auch schon bei ihr mit den Worten: „Es freut mich, dass Sie mich in diesem Bereich unterstützen. Ich bin zuversichtlich, dass Sie diese zwei Ziele in Einklang bringen und die Migration in zwei Monaten erfolgreich durchführen können, ohne dabei zu vergessen, um was es mir zudem noch geht." Und schon wird sie hinausbegleitet.

Jetzt braucht Monika erst mal frische Luft. In einer Stunde ist Teammeeting. Wie soll sie die neue Ausrichtung dem Team erklären? Sie hat schon eine erste Ahnung, was das persönliche Ziel von Felix für das Projekt bedeuten würde. Das hat aber zur Folge, dass alles neu priorisiert werden muss. Die Übernahme von Excel-Listen mit den Adressinformationen haben sie schon fast abgeschlossen. Auch die Übernahme der Aufträge aus SAP ist am Laufen. Aber die Zahlungsdaten und die Historie waren bisher kein Thema. Dafür müssen die aktuellen Arbeiten für die Marketingdaten und Statistiken in einer ersten Stufe auf ein Minimum reduziert werden. Also muss sie ein Zwei-Stufenkonzept erstellen. Und das ganze zwei Monate vor Migrationsbeginn. Sie weiß schon, was im Teammeeting passieren wird. Es wird eine ewige Diskussion geben um die Frage, ob sie denn kein Rückgrat habe oder auch mal nein sagen kann.

Marc und Peter scheinen von der Veränderung wenig überrascht. Scheinbar haben sie bei der Analyse schon das ein oder andere mitbekommen und wussten, dass nebenher etwas läuft. Wer allerdings etwas „angefressen" ist, ist Susanne. Sie ist für die Testdaten und Tests an sich verantwortlich. Sie beschwert sich darüber, dass sie immer nur vor vollendete Tatsachen gestellt werde. Das war bei der Erstellung der Analyse so, das ist nun bei der geänderten Stoßrichtung so. Ob Monika denn nicht der Meinung sei, das Team hätte hier auch etwas zu sagen und sollte früher involviert werden. Immerhin sind sie es, die jetzt in kurzer Zeit alles umstellen sollen, Mehrarbeit leisten müssen und die Leidtragenden seien. Sie hätte hier einen anderen Führungsstil erwartet und nicht immer nur ein von oben herab diktieren und einfordern.

Jetzt meldet sich Peter doch noch zu Wort. Peter ist schon länger im Unternehmen als Experte im Zahlungsumfeld tätig. Er stellt sich die Frage, ob das Team nun den Auftrag hat, die Projektziele zu erreichen oder die persönlichen Ziele eines Bereichsleiters. Da er nämlich einem anderen Bereichsleiter unterstellt sei, würde er es vorziehen, an dem geplanten Vorgehen festzuhalten. Ein Projektleiter müsse doch das Vorgehen mit sich selbst vereinbaren können und kann nicht plötzlich die persönlichen Ziele anderer verfolgen. Oder ob bei Monika auch eine „hidden agenda" vorhanden sei, von denen das Team noch nichts wisse. Peter macht noch deutlich, dass er loyal gegenüber seinem Chef und mit diesem heute sowieso verabredet sei. Er würde ihn mal beiläufig um seine Meinung zu dem Thema bitten.

Die Situation scheint aus dem Ruder zu laufen. Da ging die Kommunikation mächtig schief. Das muss sie sich auch kurze Zeit später von diversen anderen Seiten anhören. Obwohl sie das Meeting letztlich dann doch noch aus ihrer Sicht hatte retten und die

Stimmung in eine andere Richtung lenken konnte, blieb doch noch etwas von der negativen Atmosphäre hängen. Sie habe doch so viel Erfahrung im Bereich Projektleitung, da darf so etwas nicht passieren. Sie müsse doch wissen, wie man solche Nachrichten am besten verpackt und kommuniziert.

Natürlich weiß sie, wie sie es besser hätte machen können. Doch im Eifer des Gefechts und unter dem aktuellen Druck wurde das vergessen. Doch für Selbstmitleid ist nun keine Zeit. Das Team ist mitten in der Arbeit und braucht Unterstützung. Ständig kommen Anfragen von allen Seiten zu Themen, die vor kurzem niedriger priorisiert wurden. Hier gilt es, dem Team Rückendeckung zu geben, damit diese arbeiten können. Auch wenn in Besprechungen Diskussionen aufkommen, warum die Priorität geändert wurde und mit wem das abgestimmt sei, muss Monika einspringen.

Langsam kommt auch wieder das Thema Mehrarbeit und Wochenendeinsatz auf den Tisch. Klar versteht jeder die Situation und will das Projekt unterstützen. Allerdings wird auch von Monika erwartet, dass sie versteht, dass jeder noch ein Privatleben hat und der einen oder anderen Verpflichtung nachkommen muss, die sich nicht verschieben lässt.

Die Anforderungen sind letzten Endes umgesetzt – das Team hat es geschafft. Die Adressinformationen können vollständig importiert werden und der Migration der Aufträge aus SAP steht nun auch nichts mehr im Wege. Selbst die Historie zu den Kunden kann richtig übernommen werden. Leidglich für das Statistikerstellen muss ein Workaround vorgenommen werden. Die Daten müssen erst in Excel exportiert werden, um dort ein paar Schlüsselkorrekturen vornehmen zu können. Das ist unschön, aber dafür wurde das Ziel analog der neuen Priorisierung erreicht. „Hoffentlich hat Monika auch keine andere Erwartungshaltung bei den Stakeholdern geweckt" denkt sich Susanne und geht in den wohlverdienten Feierabend.

4.4.1   Arten von Erwartungen

Auch hier ordnen wir die gehörten Erwartungen wieder den unterschiedlichen Erwartungsarten zu. An der einen oder anderen Stelle können wir wieder, je nach Beweggrund und Motiv für diese Erwartung, eine andere Zuordnung machen. Dann muss allerdings auch entsprechend anders damit umgegangen werden.

4.4.1.1 Ergebniserwartung

Was sich wohl jeder wünscht, ist, dass sein Projekt von möglichst vielen Personen unterstützt wird. Es gibt aber Personen, von denen man sich nicht nur wünscht, sondern von denen man es sogar erwartet, dass sie den **Projekterfolg unterstützen**. Dazu gehören neben dem Projektteam natürlich auch der Sponsor und Auftraggeber und eben auch der Projektleiter. Ihr Verhalten soll dazu beitragen, das definierte Projektergebnis bestmöglich zu erstellen. Wenn aus den eigenen Reihen jemand nicht am gleichen Strang zieht, nicht am gleichen Ergebnis oder Ziel arbeitet, wird es mühsam und ohne Einbußen fast nicht möglich sein, wie geplant erfolgreich fortzufahren. Sei es durch Austausch von Teammitgliedern, Verzögerungen und/oder Scope-Anpassungen. Das alles ist teuer und mühsam und hat Einfluss aus die Projekt- und Teamarbeit. Der Projektleiter hat als gutes Beispiel voranzugehen und sollte seinem Projekt gegenüber loyal sein, um das definierte Projektergebnis sicherzustellen und die Ziele erreichen zu können.

Sicher wird an den Projektleiter eine gewisse Erwartung in Bezug auf die **Qualität der Lieferobjekte** gestellt. Da ist aber oftmals schon der Hund begraben, denn was genau ist denn gute Qualität? Das kann bedeuten: die Form stimmt, sprich, dass ein Dokument die Firmenschrift verwendet und das Logo auf jeder Seite platziert ist. Vielleicht ist gute Qualität aber auch auf den Inhalt bezogen und weniger auf das Format. Sicherlich hat beides seine Berechtigung und sollte entsprechend auch berücksichtigt werden. Nicht jeder gibt sich mit einer 80 % Lösung zufrieden oder versteht unter einem Entwurf ein nicht abgestimmtes Dokument mit Schreib- und Grammatikfehlern. Hier gilt es, die Stakeholder kennen und einschätzen zu lernen.

4.4.1.2 Instrumentalitätserwartung

Nicht selten begegnen wir als Projektleiter in unserem Umfeld Personen, die erwarten, dass wir sie mit ihrer **persönlichen Agenda** unterstützen. Das kann, so wie in unserem Beispiel, ganz konkret ausgesprochen werden, aber meistens ist das nicht der Fall. Wenn uns Zusatz- oder Fleißaufgaben übertragen werden mit den Worten „Ich wüsste nicht, wem ich es sonst geben könnte, der es so gut macht", so wirkt das auf uns oftmals so, dass wir im ersten Moment nicht nein sagen können. Und am Ende werden die Ergebnisse als die des anderen verkauft. Es kann aber auch weniger drastisch ausfallen, indem einfach Stimmung für oder gegen etwas oder jemanden gemacht wird, um die eigenen Ziele voran zu treiben.

Empathie, oder auch pauschal Sozialkompetenz, wird bei einem Projektleiter vorausgesetzt. Das ist ein weites Feld und es ist nur schwer zu konkretisieren, was jeder einzelne darunter versteht und wann jemand eine hohe Sozialkompetenz aufweist oder wann er mit **Empathie** ein Team führt und so weiter. Denn was für den einen einfühlsam und verständnisvoll erscheint, bedeutet bei einem anderen, dass klein beigegeben und das Ziel nicht konsequent verfolgt wird. Wir wissen, dass das so nicht stimmt, dennoch habe ich es schon erlebt, dass dieser Eindruck entsteht und der Wunsch bestand, es wäre hart durchgegriffen worden. Konkurrierende Erwartung ist hier das Stichwort. Man kann eben nicht jedem gefallen und es allen recht machen. Es gilt, seinen Stil zu finden und auch vertreten zu können.

4.4.1.3 Kontrollüberzeugung

Meist wird von einem Projektleiter auch eine gute, offene und transparente **Kommunikation** erwartet. Aber unter gewissen Umständen darf diese bitte nicht zu transparent sein. Je nach Firmenpolitik darf der Status nicht rot werden, sondern muss immer grün sein. Diese Wassermelonenkultur (Lange 2015) muss man erkennen und seine Kommunikation entsprechend anpassen, ansonsten geht eine gut gemeinte Transparenz nach hinten los. Das Gleiche gilt für Kosten und Aufwandstreiber in einem Projekt. Vor allem, wenn diese außerhalb des Projektes, nämlich innerhalb der Stammorganisation liegen.

Teams haben die Erwartung an den Projektleiter, **Luftschlösser** anderer Stakeholder **aufzulösen** (Schmitz 2004). Sie erwarten, dass der Kunde oder Auftraggeber in ihren

Augen realistische Vorstellungen von dem Lieferergebnis bekommt und nichts erwartet, was so nicht explizit besprochen wurde. Dieses Vermitteln und Managen der Erwartungen anderer in Bezug auf das Lieferergebnis ist oftmals gar nicht so einfach. Denn wie oft passiert es, dass wir als Projektleiter uns dabei erwischen, dass wir ebenfalls implizite Erwartungen an das Ergebnis stellen, nur um uns dann vom Team belehren zu lassen, dass das so nicht gefordert war und nirgends definiert ist. Nicht das *was* gilt es zu managen, sondern das *wie*.

Ein Projektleiter soll auch **Rückgrat** zeigen. Er muss Stellung beziehen gegenüber anderen Teams und anderen Stakeholdern und die Interessen des Projektes vertreten und durchsetzen. Dadurch erreicht er Stabilität im Projekt und hält dem Team den Rücken frei, um ungestört arbeiten zu können. Zudem kann über diese Stabilität gewährleistet werden, dass das Projekt nicht durch ständige Richtungswechsel aus dem Fahrwasser gerät. Das Projekt bleibt planbar und unter Kontrolle.

4.4.1.4 Attribution

Attributionen sind in dem Zusammenhang mehrheitlich Charaktereigenschaften, die einer Person zugeschrieben werden und damit gewisse Erwartungen von außen an sie stellt. Das kommt für uns nicht überraschend, denn die meisten Erwartungen sind für uns nachvollziehbar und wir würden ebenfalls unterschreiben, dass beispielsweise ein guter Projektleiter diese Eigenschaften aus dem vorherigen Abschn. 4.4.1.3 haben sollte und wir diese mit ruhigem Gewissen von ihm erwarten können. Schwierig wird es erst dann, wenn wir selbst die Rolle des Projektleiters einnehmen und dann feststellen, dass diese Erwartungen in dem Moment auch durch uns erfüllt werden müssen.

In der heutigen Zeit muss ein Projektleiter gute Leadership-Kompetenzen aufweisen: ein Team zu begeistern und partizipativ zu führen, das Maximum aus dem Team herauszuholen, ohne die Leute zu verbrennen. Meistens eben genau das tun, was sie selbst alleine nicht schaffen.

Dabei darf die Integrität nicht verloren gehen. Wir als Person müssen spürbar wir selbst bleiben, ehrlich und ohne Falschheit, sprich, ohne dass wir uns verstellen und jemand anderen spielen wollen. Eben verlässlich und loyal sein. In manch einem Unternehmensumfeld ist es gar nicht so einfach, die Anforderungen zu erfüllen.

Manchmal müssen wir als Projektleiter auch einfach ein offenes Ohr für unsere Mitarbeiter haben. Dazu gehört, ihnen Zeit und Raum zur Verfügung zu stellen, damit sie mit ihren Sorgen zu uns kommen können. Und manchmal müssen wir ihnen auch Rückendeckung geben, wenn es einmal schwierig wird.

4.4.2 Merkmale und Wirkungen

Wie schon angedeutet, gibt es Erwartungen an die Art und Weise, wie ein Projektleiter die Methodik beherrscht und anwendet. Dazu gehört auch das Sicherstellen der Projektergebnisse und -ziele. Auf der anderen Seite werden jedoch auch gewisse Wesensmerkmale an die Persönlichkeit gefordert. Wie ist der Umgang mit Menschen, die Art und Weise Konflikte zu lösen oder wie wird grundsätzlich kommuniziert? In der Praxis ist eine starke Wechselwirkung zwischen Projektmanagement und Persönlichkeit erkennbar: Defizite in einem Bereich führen zu Problemen in einem anderen Bereich.

Erwartungen bewegen sich, können sich entwickeln und verändern. Manche Erwartungen kommen im Laufe der Zeit dazu, andere fallen weg. Wir hatten das Beispiel bereits, wenn Erwartungen, die wir an uns selbst haben, plötzlich zu Erwartungen der anderen an uns werden. Andere Erwartungen pflanzen sich fort und entwickeln sich weiter. Das hängt auch stark mit dem Rahmen und Kontext zusammen. In einem strategischen Projekt, das auf Konzernebene im Controlling diskutiert wird, werden andere Erwartungen an einen Projektleiter gestellt als in einem Projekt, das auf Abteilungsebene mit einem Budget von 100'000 CHF läuft.

Oft werden die Erwartungen in der Stormingphase[1] eines Teams deutlich spürbar (vgl. Abb. 4.5). Unterschiedliche Erwartungen sorgen dafür, dass ein Vergleichen, Austesten und Positionieren der eigenen Person im Verhältnis zu den anderen stattfindet. Aus dem Grund muss hier ein kontinuierlicher Austausch gefördert werden. Auch wenn es eher schwierig ist, Erwartungen zu quantifizieren, sollte darauf geachtet werden, welches Bild hier die einzelnen Mitarbeiter voneinander haben. Denn dieses Bild wird eine Zeit lang bestehen bleiben und ist schwer wieder zu korrigieren (Förster 2009, S. 75). Um hier unterstützend wirken zu können, ist es hilfreich, wenn ich dieses Bild kenne, um dort ansetzen zu können.

Erwartungen werden auch aufgrund der persönlichen Beziehung zwischen Personen entwickelt: Wie wird eine Person erlebt, welchen Eindruck hat man von ihr, stimmt die Chemie? Es werden Stereotypen gebildet und diese mit Erwartungen versehen. Das kann positiv sein, z. B. dass einem viel zugetraut wird und man ein eher positives Label

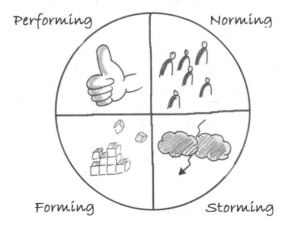

Abb. 4.5 Teambildungsphasenmodells nach Bruce Tuckman

---

[1]Zweite Phase des Teambildungsphasenmodells nach Bruce Tuckman.

bekommt. Es kann aber auch andersrum sein, so dass einem nichts zugetraut wird und eher minimalistische Erwartungen gepflegt werden (Förster 2009, S. 24, 106). Und schon sind wir wieder bei den impliziten und unbewussten Erwartungen, die nicht ausgesprochen sind. Beides wird sich darauf auswirken, was für Aufgaben einem zugesprochen werden.

Unerfüllte Erwartungen, die andere an mich haben, können in eine Negativspirale führen. Weil die eine Erwartung nicht erfüllt wurde, wird versucht, es an anderer Stelle besonders gut zu machen. Es wird ein persönlicher Druck aufgebaut, der je nach Charakter dazu führen kann, dass man sich überfordert fühlt. Dies kann zu Blockaden führen, so dass auch andere Erwartungen nicht mehr erfüllt werden. Umso wichtiger ist es, darauf zu achten, dass wir uns nicht in solch einen Strudel ziehen lassen.

Man kann und muss nicht jedermanns Freund sein. Jedem gefallen zu wollen ist fast nicht möglich, da die Erwartungen so unterschiedlich und vielfältig sind wie die Personen, die sie an einen stellen. Wie damit umgegangen werden kann, ohne dass die Bedürfnisse und Erwartungen der anderen ignoriert werden, wird im nachfolgenden Abschnitt beleuchtet.

4.4.3 Umgang und Methoden

Wie schon beschrieben, sollten Erwartungen lieber früher als spät geklärt und angesprochen werden. Zum Beispiel als Bestandteil des Stakeholdermanagement oder beim Kick off-Meeting in Form eines gemeinsamen „Code of Conduct" oder Verhaltensprinzipien. Diese können auf einem Plakat festgehalten und für alle gut sichtbar aufgehängt werden, so dass jeder die Möglichkeit hat, sich darauf zu beziehen, wenn er den Eindruck hat, etwas läuft entgegen dieser Vereinbarungen. Bei den Stakeholdern ist es noch ratsam, sich die Beziehungen der Personen untereinander anzuschauen. Durch Gewichtung und Priorisierung der Stakeholder können wir diese in primäre und sekundäre Stakeholder einteilen. Das erleichtert es zu entscheiden, wessen Erwartungen wir nachkommen müssen und welche nicht so entscheidend sind, wenn sie nicht 100-prozentig erfüllt werden können.

Auch die Bedürfnisse hinter den Erwartungen sollten wir ergründen, um zu verstehen, was den anderen bewegt und was wirklich von uns erwartet wird. Das bekommen wir nicht durch spezielle Methoden und Tools. Hier liegt der Schlüssel in den Emotionen. Wenn wir an das Eisbergmodell von Sigmund Freud denken, sehen wir (vgl. Abb. 4.6), dass die impliziten Erwartungen durch tiefes Tauchen ergründet werden müssen und nicht an der Oberfläche liegen (Vigenschow 2011). Es erfordert Fingerspitzengefühl des Fragestellenden, der auch entsprechende Softfaktoren wie nonverbale Signale beachten muss. Ziel ist es, nach Möglichkeit die impliziten Erwartungen explizit zu machen, soweit dies eben möglich ist.

Denn es gilt weiterhin: „Ich kann nur Erwartungen erfüllen, die ich kenne. Erwartungen und Annahmen müssen wir gegenseitig transparent machen. Erst dann kann man entscheiden, wie man damit umgeht." (Heini, HR und Leadership, 2014)

Erwartungen können wir am besten klären, indem wir paraphrasieren. Das bedeutet, mit eigenen Worten noch einmal zu formulieren, was wir verstanden haben oder wie wir

Abb. 4.6 Eisbergmodell

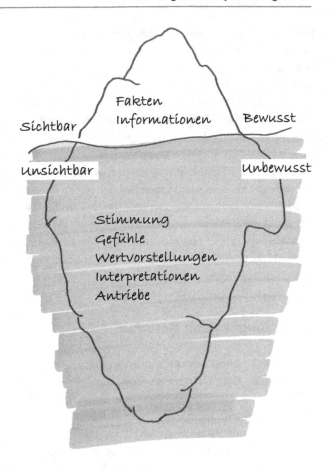

etwas wahrgenommen haben. So können wir prüfen, ob unsere Wahrnehmung dem entspricht, was der andere denkt und will. Erst in dem nächsten Schritt können wir dann
überprüfen, ob unsere Erwartungen erfüllt werden können oder ob es Gründe gibt, die
dagegensprechen. Manchmal ist auch eine gewisse Widerstandskraft gefragt: *„Wie viel
will oder kann ich an mir ändern ohne meine Integrität zu verlieren?"* Sicher muss an der
einen oder anderen Stelle die Erwartung erfüllt werden. Um hier zu unterscheiden, hilft
die Frage, ob die Erwartung der Zielerreichung dient oder nicht. Auch die Erwartungen
der anderen zu relativieren und im Gesamtkontext zu betrachten kann hilfreich sein, um
sie besser einordnen zu können und sich etwas von dem gemachten Druck zu lösen.

Erwartungen zu erkennen und zu erfassen ist keine einmalige Angelegenheit. Implizite
Erwartungen werden kontinuierlich gebildet und müssen daher auch über die Zeit hinweg
erfasst und regelmäßig abgeglichen werden. Hier kann zum Beispiel Feedback eingeholt
werden. So ein regelmäßiger, kontinuierlicher Austausch kann über Retros stattfinden.
Wobei regelmäßig auch alle drei Monate sein kann. Kleine Merker im Kalender rufen das
Thema in Erinnerung und lassen es auch nach ein paar Monaten präsent sein.

Achten sie auch darauf, wann jemand ihnen einen Affen auf die Schulter setzen will
(Kenneth et al. 2007). Nicht selten merke ich, wie jemand versucht, seine Arbeit an mich

abzuschieben und von mir erwartet, dass ich mich um seine Probleme kümmere. Beispielsweise wenn es darum geht, Aufstellungen und Auswertungen zu machen für Meetings, von denen ich weder weiß, was der Zweck ist, geschweige denn dazu eingeladen bin oder informiert werde, was mit den Informationen passiert. Hier gilt es zu prüfen, wenn ich mir eine Aufgabe zuschieben lasse und ob es wirklich mein Job ist, das zu erledigen. So kann ich die Erwartung wieder geraderücken, und die Aufgabe annehmen oder den „Affen" wieder in seinem richtigen Zuhause abgeben.

Grundsätzlich wird ein „Wir-Gefühl" und eine Identifikation mit dem Thema im Team helfen, Erwartungen abzustimmen und in die gleiche Richtung zu zielen. Für dieses Wir-Gefühl bedarf es eben wieder einem Set an Motivationskünsten und Fähigkeiten aus dem Change-Management, was ein eigenes Thema darstellt. Und zwar rede ich hier nicht von dem Umgang mit Projekt-Changes, sondern mit Methoden aus dem Veränderungsmanagement.

Was sich auch meiner Erfahrung nach selten bewährt hat, ist der sogenannte „man in the middle". Ein Single Point of Contact (kurz: SPOC), der die Kommunikation, sei es zum Endkunden oder zum Auftraggeber, abnimmt. Dadurch werden Informationen gefiltert und gehen teilweise verloren. Dies passiert unbewusst und ohne bösen Willen. Bedingt durch die unterschiedliche Wahrnehmung und Prioritäten ist so etwas vorprogrammiert. Dadurch kann es passieren, dass der SPOC Erwartungen nicht wahrnimmt oder anders interpretiert, selbst nochmals andere Erwartungen hat und so weiter. Sicher kann ein Telekommunikationsanbieter bei einem Endkundenprojekt nicht alle Kunden berücksichtigen. Aber anstelle eines Abgeordneten, der die Kundenwünsche vertritt und im schlimmsten Fall noch aus den eigenen Reihen kommt, sollten lieber einige ausgewählte Kunden involviert werden, die nach Möglichkeit ein möglichst breites Spektrum oder eben die gewünschte Zielgruppe abdecken.

Für die Praxis

- Von welchen Personen möchte oder muss ich die Erwartungen prüfen?
- Welche Erwartungen könnten diese Personen an mich haben?
- Überprüfe die Annahmen im Gespräch mit den betreffenden Personen
- Gewichte die Erwartungen in dem du fragst: Was passiert, wenn ich diese Erwartung nicht erfülle?

4.4.4 Konsequenzen

4.4.4.1 Erwartung erfüllt

Wenn ich merke, dass ich die Erwartungen, die andere an mich haben, erfülle, so erfüllt mich das doch meist mit ein bisschen Stolz und Zufriedenheit. Es ist ein gutes Gefühl zu sehen, dass etwas geklappt hat und ich freue mich. Besonders nach einer hohen Anstrengung zeigt sich etwas wie Genugtuung, dass diese Herausforderung nun gemeistert ist. In dem Moment wird jedoch zumindest von mir auch oftmals ein gewisses Maß an Wertschätzung durch den anderen für die erbrachte Leistung erwartet. Wieder stellt sich die Frage: Weiß mein Gegenüber, dass ich ein bisschen Wertschätzung erwarte?

Manchmal nehmen wir positives Feedback gerne an und freuen uns. Ab und zu ist es uns aber auch peinlich, Lob zu bekommen und die eigene Leistung wird von uns selbst kleingeredet. Und das, obwohl wir selbst sehr gut unsere Leistung einzuschätzen wissen. Paradox, oder? Lassen Sie uns versuchen, Feedback, sowohl positives als auch negatives, anzunehmen und uns daran zu freuen. Bei positivem Feedback, weil alles funktioniert hat, und bei negativem Feedback, weil wir uns so weiterentwickeln können. Wie sonst, als über das Feedback von anderen, können wir wissen, ob unsere Arbeit gut war oder an welchen Stellen wir noch etwas ändern sollten, damit alles passt.

Viele bleiben an der Stelle, an der es positives Feedback gibt, zum Glück nicht stehen, sondern machen sich schon wieder Gedanken darüber, wie das beim nächsten Mal wiederholt werden kann oder wo es noch Verbesserungspotential gibt. Und das ist gut so: Gutes beibehalten und Schlechtes verbessern!

4.4.4.2 Erwartung nicht erfüllt

Leider kommt es jedoch auch subjektiv betrachtet viel zu oft vor, dass wir die Erwartungen, die andere an uns haben, nicht erfüllen können. Wie damit umgegangen wird, ist von Mensch zu Mensch unterschiedlich.

Der Pessimist wird an der Stelle wohl in tagelanger schlechter Stimmung versinken, denn „es war ja eh klar, dass die Erwartungen zu hoch sind und zum Teil intransparent". Seine schlechte Stimmung rührt unter anderem daher, dass er sich sorgt. Sorgen macht darum, wie es weitergeht, inwieweit er seine Anerkennung bei den anderen verliert, und ob er den Anforderungen überhaupt gewachsen ist.

Der Optimist dagegen nimmt sich dem Thema nicht ganz so emotional an. Anstatt nach hinten zu schauen blickt er in die Zukunft. Für ihn liefert die Situation einen Ansporn, es das nächstes Mal besser zu machen. Also sucht er direkt nach Verbesserungspotenzial und versucht, aus der Situation zu lernen (Abb. 4.7)

Der Realist ist sich der Situation bewusst und weiß, dass jetzt eine gewisse Unzufriedenheit aufkommt. Zum einen bei ihm selbst, weil er die Erwartungen nicht erfüllt hat, aber auch beim Gegenüber, weil dessen Erwartungen nicht erfüllt wurden. Unter Umständen können sich hier ungewollte Konflikte aufbauen. Aus dem Grund wird er das Thema gezielt ansprechen und versuchen, die Erwartungen, wenn auch nur im Nachhinein, abzugleichen und zu validieren. So bekommt er mit seinem Gegenüber einen gemeinsamen Blick auf das Geschehene und sie können gemeinsam bewusste Maßnahmen definieren, um solch eine Situation das nächste Mal zu vermeiden.

Ob jeder Realist alles anspricht, sei dahingestellt. Es ist immer noch eine Frage des Charakters, ob der Mensch introvertiert oder extrovertiert ist. Diese Einteilung in Pessimist, Optimist und Realist ist wie immer etwas überspitzt dargestellt. Emotionen werden immer bei jedem mitschwingen, mal mehr oder weniger. Wichtig ist nur, nicht darin zu verweilen, sondern zu versuchen, konstruktiv mit der Lage umzugehen. Reaktionen wie

Abb. 4.7 Erwartung anderer an mich

Trotz, Rechtfertigungen, Auflehnung und Verteidigungen sollten hier vermieden werden, auch wenn es manchmal schwerfällt, ebenso wie Vorwürfe zu machen.

Wichtig ist immer, die Situation beim Namen zu nennen und anzusprechen. Erwartungen sind schließlich in der Regel nirgends schriftlich fixiert, und wenn, dann haben wir meist mit diesen expliziten Erwartungen ja auch kein Problem. Immerhin sind sie transparent und können daher mehr oder weniger diskutiert oder zumindest kommentiert werden. Also heißt es, in den sauren Apfel beißen und das Gespräch suchen, um implizite Erwartungen aufzudecken. Ziel sollte es sein, zu erkennen, was schieflief. Woran und wann hätten die unterschiedlichen Erwartungen erkannt werden müssen und wie kann das in Zukunft auf beiden Seiten besser gelingen? Auf beiden Seiten deswegen, weil der eine seine Erwartungen nicht klar kommuniziert hat, und der andere nicht erkannt hat, dass hier etwas auseinanderläuft. Beide sind beteiligt und am effektivsten wird die weitere Zusammenarbeit, wenn beide sich ihren Part eingestehen, die gegenseitige konstruktive Kritik annehmen und versuchen, in Zukunft darauf zu achten.

Nicht immer kann das so harmonisch ablaufen. Denn manchmal kann das Nichterfüllen auch vertragliche Schwierigkeiten und Misserfolge mit sich bringen. Hier steht dann erfahrungsgemäß die Schuldzuweisung vor der Lösungsfindung. Es kann Misstrauen und Enttäuschungen vom Gegenüber in die andere Person wachsen und damit eine weitere Zusammenarbeit stark erschweren.

1. Wie können wir die impliziten Erwartungen anderer an uns überprüfen?
2. In wieweit kann der Bereich Einfluss auf die anderen Quadranten haben?
3. Was passiert mit unerfüllten Erwartungen und wie kann das verhindert werden?

4.5   Erwartungen anderer an andere

> *Enttäuschung ist das Ergebnis falscher Erwartung. (Andreas Tenzer)*
> *Man ist nicht enttäuscht von dem was ein anderer tut (oder nicht tut),*
> *sondern nur über die eigene Erwartung an den anderen. (Mark Twain)*

Am Wochenende findet nun also der letzte Schritt der finalen Migration statt. Alle sind am Wochenende da. Ein Online Dashboard wurde eingerichtet für die Daheimgebliebenen, so dass jeder die Möglichkeit hat, online den aktuellen Status mitzuverfolgen. Auf die Art und Weise sollen lästige Rückfragen vermieden werden. Monika bleibt aktuell nicht viel zu tun. Solange alles wie geplant läuft, hat sie einen ruhigen Job. Und so sieht es ja aktuell auch aus.

Da drüben sieht sie Felix stehen. Redet der nicht mit dem anderen Bereichsleiter? Wegen den beiden hatten wir kurzzeitig einen ganz schönen Trubel, denkt sie. Und das nur, weil in der Firma ein ausgeprägtes Konkurrenzdenken herrscht und Felix unbedingt das Projekt nutzen wollte, um besser dazustehen. Ständig hat er Monika vorgerechnet, wie die Auslastung in seinem Bereich ist und wie gut verrechenbar doch alle Leistungen im Vergleich zu den Nachbarabteilungen sind.

Und dort im Eck steht Marc. Und in der anderen Ecke des Raums der Datenbankadministrator. Die zwei haben auch mächtig Arbeit verursacht. Marc wollte ein sauberes Datenmodell, das auch noch ein paar weitere Jahre stabil im Einsatz sein kann. Das war den Datenbankadministrator zu weit hergeholt. Er wollte lieber von Anfang an eine gute Performanz, schlankes Design und dann eben bei Bedarf erst die notwenigen Anpassungen durchführen. Das war harte Arbeit, die beiden an einen Tisch zu bringen, ohne dass sie sich die Augen auskratzen, erinnert sich Monika.

Wo ist eigentlich die Marketingleiterin? Ach ja, die musste heute ja zu einer Konferenz, um einen Vortrag zu halten. Sie wollte immer das Projekt als Vorzeigeprojekt etablieren, um marketingwirksam auf dem Markt auftreten zu können. Alles sollte „klicki-bunti" sein und mit dem Trend gehen. Gut, dass sich Felix mit ihr rumgeschlagen hat, denkt sich Monika. Die Energie und Ausdauer hätte sie nicht gehabt.

Monika läuft ein paar Meter und bleibt vor einer Wand mit einem Plakat mit einer Tabelle stehen. Diese Tabelle musste sie mal machen, weil sich zwei Teamleiter in die Haare bekommen haben. Der eine war überzeugt, dass, wenn ein Mitarbeiter einem Projekt für 80 % zugewiesen ist, der Projektleiter ihn adäquat beschäftigen muss. Ansonsten würde der Teamleiter andere entsprechende Aufgaben außerhalb des Projektes für den Mitarbeiter suchen. Der andere war der Meinung, Hauptsache der Mitarbeiter kann seine 80 % auf das Projekt verrechnen; was er in der Zeit macht, sei ihm egal. Monika hatte daraufhin als vorbeugende Maßnahme die Tabelle erstellt, um transparent zu machen, wen sie wann brauchte und für welche Aufgaben.

Susanne sieht man die letzten Wochen deutlich an. Sie hatte immer wieder Stress mit ihren Vorgesetzen, weil er von ihr alles detailliert wissen wollte: Wie geht das Projekt vor beim Testen, welche Tools sind im Einsatz, was gibt es für Erfahrungen, wie ist der Teststatus und so weiter. Etwas mitleidig schaut Monika Susanne nach, die sich gerade einen Schokoriegel aus dem Automaten genommen hat. Gerne hätte sie ihr geholfen, aber das Problem besteht schon länger mit ihrem Vorgesetzten und nicht nur bei Susanne. Das muss das Team alleine lösen.

Naja, ist schon komisch, was für Erwartungen einzelne an andere haben. Da fällt ihr gerade die Geschichte vom Vorstand ein. Hat er nicht mal lauthals in einem Lenkungsausschuss zu Felix gesagt, er dulde es nicht, wenn auf eine E-Mail nicht innerhalb von 24 Stunden keine Reaktion kommt. Ein „Ich kümmere mich drum." sei das mindeste, was er erwarte. Als es dann an den nächsten Tagesordnungspunkt ging, mussten alle feststellen, dass dieser nicht behandelt werden konnte, weil hierzu noch keinerlei Reaktion vom Vorstand kam. Oh, war das eine peinliche Situation.

Im Großen und Ganzen war es schon eine spannende Zeit. Und wenn man bedenkt, mit was für emotionalen Streitigkeiten es das Projekt zeitweise zu tun hatte, ist es ein Wunder, dass heute alles termingerecht eingeführt werden kann. Es waren so viele Abteilungen beteiligt: Datenbanken, Operation, Serverstruktur, Netzwerk, Security, Anwendungsentwicklung, Architektur, und bestimmt noch der ein oder andere zusätzliche Bereich. Überall wurde ein Experte abgestellt. Leider waren diese sogenannten „Experten" nicht immer so reif wie man es sich vorgestellt und gewünscht hatte. Das Miteinander war zu Beginn doch sehr harzig. Ob es die Vorurteile gegenüber den Architekten waren, sie seien im Elfenbeinturm und immer realitätsfremd, oder die Meinung der Mitarbeiter der Operation, die Software aus der Anwendungsentwicklung könne man nicht betreiben. Es war ein harter Weg, um alle an einen Tisch zu bringen, bis sie endlich anfingen miteinander und nicht gegeneinander zu arbeiten. Da mussten jede Menge Vorurteile abgebaut werden. Wo die wohl alle herkamen…?

4.5.1   Arten von Erwartungen

Monika hat viele Berührungspunkte zu unterschiedlichen Personen im Projekt. Und dort kann sie auch beobachten, wie andere Personen untereinander Erwartungen aneinander pflegen, die teilweise nicht erfüllt werden. Oft ist es leichter, als Außenstehender die Diskrepanz zwischen zwei Personen zu sehen, während wir die gleiche Situation bei uns selber nicht wahrnehmen. Wie dem auch sei, meiner Meinung nach gibt es Konstellationen, in denen ich beruhigt als Außenstehende zuschauen darf, wenn zwei Personen ihre Erwartungen aneinander nicht erfüllen. Es gibt aber auch Momente, in denen ich als Projektleiter eingreifen muss, um mein Team oder mein Projekt zu schützen. Die Kunst ist es, hier

zu unterscheiden, wann muss ich aktiv werden und wann nicht. Schauen wir uns ein paar
Beispiele anhand von Monikas Erinnerungen an ihr gerade beendetes Projekt an.

4.5.1.1 Ergebniserwartung

Das wohl am häufigsten erlebte Problem ist, wenn zwei Stakeholder unterschiedliche Erwartungen an das **Projektergebnis** haben. Ein bekanntes Cartoon veranschaulicht die unterschiedlichen Auffassungen und Erwartungen sehr schön (vgl. Abb. 4.8). Hier wird
bereits aus dem Begriff deutlich, dass ich direkt von diesen auseinandergehenden Erwartungen betroffen bin. Wenn zwei Parteien etwas anderes vom Projekt erwarten und ich mit
dem ein oder anderen in Kontakt komme zwecks Entscheidung, Abstimmung oder Abnah-
me, werde ich immer das Problem haben: was für den einen gut ist, ist für den anderen
schlecht. Aus dem Grund gilt es, diesen Gap gezielt zu managen und, wenn es geht, zu
überbrücken, wenn nicht gar zu schließen.

Monika nennt zudem beispielhaft das Problem des **Vorgehens** im Projekt. Zwei Teamleiter sind unterschiedlicher Meinung, wie in dem Projekt mit Ressourcen umgegangen
werden soll. Es kann aber auch sein, dass zwei Personen unterschiedliche Auffassungen
davon haben, wann getestet werden soll, ob a vor b erledigt werden soll oder nicht. Vielleicht geht es aber auch um die Methodik, wie Probleme angegangen und gelöst werden.

Abb. 4.8 How projects really work (http://projectcartoon.com/) – wie Projekte wirklich funktionieren (Die Grafik steht unter der creative commons (cc) Lizenz (CC BY 3.0) zur Verfügung)

Treffen zwei Philosophien aufeinander, ist es einerseits schwer es beiden Seiten recht zu machen, andererseits aber auch, beide auf einen Nenner zu bringen. Hier würde ich versuchen, wenig Angriffsfläche für beide Seiten zu bieten, indem ich mein Vorgehen mit meinem Auftraggeber abstimme und von ihm absegnen lasse. So kann ich mich im Zweifel darauf berufen. Das funktioniert natürlich nur, wenn der Auftraggeber nicht einer der beiden „Streitparteien" ist. Ich kann aber auch einfach ein offizielles Vorgehen anwenden, das empirisch bewiesen oder unternehmensweit verankert ist. Auch damit legitimiere ich mein Handeln und kann mich absichern, falls der Konflikt zwischen den zwei Stakeholdern auf mich übertragen wird.

4.5.1.2 Instrumentalitätserwartung

Jeder hat mehr oder weniger konkrete Ziele für sich. Und nicht immer müssen diese Ziele mit denen der anderen übereinstimmen. Manchmal **konkurrieren die Ziele** sogar. Während der Business Analyst vielleicht eher anwenderzentriert agiert, steht bei den Software Engineers eine technisch ausgeklügelte Lösung im Vordergrund. Das eine sieht lässig aus, das andere lässt sich leicht anpassen. Spannender wird es noch eine Hierarchiestufe höher. Hier möchte vielleicht ein Abteilungsleiter eine konsolidierte Serverlandschaft, die möglichst homogen ist, während der andere für jede Anforderung die optimale auf dem Markt erhältliche Serverlösung möchte. Auf der einen Seite stehen Wartung und vielleicht bessere Konditionen, während auf der anderen Seite bestmögliche Kundenzufriedenheit und Anforderungserfüllung in die Waagschale geworfen werden. Diese unterschiedlichen Ziele und Erwartungen werden mich früher oder später einholen in meinem Projekt, wenn ich mit den Personen und Themen in Berührung komme. Daher gilt es, diese Ziele frühzeitig wahrzunehmen und gemeinsam einen Konsens zu suchen.

Besonders anstrengend wird es, wenn zwei Personen immer im **Konkurrenzdenken** stehen. Wenn sich einer immer profilieren will, immer das letzte Wort hat und immer mitmischen will. Das kann sehr schnell die Teamdynamik stören und ineffizient werden. Besonders, wenn solche Personen im Kernteam sind. Hier gilt es zu versuchen, die unterschiedlichen Erwartungen und Bedürfnisse offenzulegen und Kompromisse zu finden. Ein Ansprechen des Verhaltens und der Wahrnehmung können ebenfalls Luft rausnehmen. Optimal ist es, beide Parteien an einen Tisch zu bringen und ein gemeinsames Ziel zu setzen, für das beide verantwortlich sind. Wenn dies nicht möglich ist, hilft gegebenenfalls nur, sie komplett zu trennen.

4.5.1.3 Kontrollüberzeugung

Eine Erwartung in Bezug auf das **Verhalten** ist wohl jedem bekannt: die Reaktionszeit. Sei es, dass erwartet wird, dass E-Mails just in Time gelesen werden, dass auf eine Anfrage zumindest ein „Ich kümmere mich darum." innerhalb von 2 Stunden kommt, oder dass Protokolle binnen 24 Stunden verschickt werden. Schnelles Feedback bringt Sicherheit. Ich weiß woran ich bin und sehe, ob alles so läuft wie ich es mir vorstelle. Zudem kann ich bei einer zeitnahen Reaktion bereits die darauffolgenden Aktivitäten anstoßen. Solange aber eine Reaktion ausbleibt, kann ich nichts unternehmen und muss warten. Aber auch beim Warten gilt: „Es gibt eine Grenze, von der ab Geduld keine Tugend mehr ist." (Edmund Burke) Zum Verhalten gehört der Umgang mit anderen oder die Reaktion auf spezielle Situationen.

Wir hatten diese Erwartungshaltung bezüglich **Informationsfluss** bereits im Abschn. 4.3. Die Erwartung zielt darauf ab, dass ich gerne so schnell wie möglich über alles informiert sein möchte, um möglichst früh die Möglichkeit zu haben, eingreifen und Dinge lenken zu können. Diese Erwartung habe natürlich nicht nur ich an andere und andere an mich, sondern eben auch andere an andere. Wenn zwei Personen nicht miteinander reden, obwohl der eine immer den Austausch und Kontakt sucht, kann das zu Frustration und Spannungen führen. Grundsätzlich ist das nicht mein Problem. Aber manchmal genügt es, auf den „großen weißen Elefanten" im Raum zu zeigen, damit die Kollegen ihr Problem selbstständig lösen können. Denn hier kann ich davon ausgehen, dass beide die Erwartungshaltung kennen und das Verhalten nun in eine andere Richtung geht. Auch hier gilt, solange es nicht gefährlich für mein Projekt wird, am besten nichts tun. Und vor allem darauf zu achten, dass man selbst nicht zum Spielball wird. Dies kann schnell passieren, indem die Person, der die Informationen verweigert oder zu spät zugestellt wird, sich dann an mich wendet mit der Bitte, dass ich die Informationen zeitnah liefere. Wenn ich dem nachkomme, kann ich ganz schnell ins Kreuzfeuer geraten, solange ich nicht weiß, warum der andere dieser Bitte um Informationen nicht selbst nachkommt. Und schon habe ich mir ein Thema aufgeladen, das nicht meins ist, mir zu meinem Projekterfolg keinen Beitrag bringt, aber meine Ressourcen und Kapazitäten bindet. Also Achtung hier vor zu großzügiger Hilfe und fremden Affen.

4.5.1.4 Attribution

Aufgrund der Rolle, die Personen innehaben, werden ihnen auch Eigenschaften oder Interessen zugeschrieben. Einem Mitarbeiter im Sales Bereich wird oftmals unterstellt, er verkaufe einfach nur Projekte, ohne zu schauen, ob sie realistisch oder wirtschaftlich sind. Hauptsache, er kann wieder einen Kunden-Vertrag unterschreiben. Ein Controller legt immer nur Wert auf Zahlen und Statistiken, interessiert sich aber nicht für das große Ganze, geschweige denn den Kundennutzen. Softwarearchitekten leben in einem Elfenbeinturm und haben unrealistische Ideen. Die Liste kann beliebig fortgesetzt werden. Ich denke, solche Vorurteile gegenüber Personengruppen oder Rollen kennt jeder. Dass es hierbei zu **Interessenskonflikten** kommen wird, ist vorprogrammiert. Besonders, wenn der Dialog nicht gesucht wird, um die Erwartungen abzugleichen. Die Frage, ob ich hier aktiv eingreifen muss als Projektleiter, liegt in der Frage, welche Interessen hier aufeinanderprallen und zwischen welchen Personen. Ist es außerhalb meines Projektes und auf Managementebene, werde ich das Thema bei meinem Auftraggeber ansprechen und platzieren. Ist es innerhalb meines Teams, oder sind Personen aus meinem Team involviert, so werde ich versuchen, als Mediator zu vermitteln, wenn ich bemerke, dass es einen negativen Einfluss auf die Arbeitsleistung oder Stimmung hat.

4.5.2 Merkmale und Wirkungen

Unterschiedliche Erwartungen können beispielsweise zwischen Teammitgliedern auftreten. Das sind die Momente, in denen der Projektleiter eingreifen sollte, um die Teamdynamik zu schützen und um zu verhindern, dass die Performanz unter diesen unterschiedlichen Erwartungen leidet. Unterschiedliche Erwartungen können aber auch zwischen zwei Bereichsleitern, unterschiedlichen Stakeholder oder anderen Personen, die nicht direkt im Projekt involviert sind, auftreten, manchmal sogar auch hierarchieübergreifend. Zum Beispiel: der Teamleiter an seinen Mitarbeiter, der Vorstand an die Architekten, der Endanwender an den Verkauf. Nicht alles betrifft mich im gleichen Maße, daher muss ich abwägen können, ob hier eingegriffen und vermittelt werden muss oder nicht. Ich muss mir im Klaren sein, welche Rolle die Personen in meinem Projekt haben und was für Einfluss sie auf mich haben, wenn die Situation eskaliert.

Manche Erwartungen hängen mit dem Projektziel oder Lieferergebnissen zusammen. Dies ist objektiv greifbar und kann meistens explizit gemacht werden. Was nicht heißt, dass es entsprechend einfach ist, die Erwartungen auf die gleiche Ebene zu bringen. Sobald es aber um implizite Erwartungen geht, oder persönliche Interessen hinter den Erwartungen stecken, wird es schwierig. Zum einen, sie zu erkennen, und zum anderen sie zu benennen. Meist geht es dann schnell in eine persönliche Ebene und das anzusprechen oder selbst beim Namen zu nennen kann unangenehm sein (der zweite weiße Elefant). Ist sich der andere seinem Verhalten oder seinen Erwartungen nicht bewusst, kann das zu Unverständnis führen, vielleicht sogar zu Anschuldigungen oder Unterstellungen. Hier ist Fingerspitzengefühl gefragt.

Trotzdem sollte man sich, wenn man sichtbare Diskrepanzen in den Erwartungen ignorieren will, sehr bewusst dafür entscheiden und dies nicht leichtfertig tun. Zum einen, weil nichterfüllte Erwartungen oftmals in Spannungen enden, die sich auf das Projekt auswirken können. Zum anderen aber auch, weil unzufriedene Stakeholder einen negativen Einfluss auf mein Projekt nehmen. Schlechte Stimmung sorgt für schlechte Performanz. Und die Aufgabe des Projektleiters ist es, eine gute Arbeitsatmosphäre zu schaffen und „Hochleistungsteams" zu entwickeln. Dazu gehört auch, das Team gegen äußere Einflüsse zu schützen. Und manchmal kann das auch bedeuten, Erwartungen anderer an andere zu managen. Inwieweit das in unserer Macht liegt oder unsere Kompetenz übersteigt und welche Möglichkeiten wir hier haben, sehen wir im nächsten Abschnitt.

4.5.2.1 Umgang und Methoden

Ich muss die Erwartungen zwischen anderen nicht unbedingt managen und auch nicht zwingend vermittelnd tätig werden. Aber ich muss ein Auge darauf haben, was für Themen irgendwann mal auf mich überschwappen können und mich darauf vorbereiten. Die Abgrenzung, wann ich aktiv werden muss, wann ich nur zuschauen kann oder sollte und wann ich mein Team schützen muss, ist oftmals gar nicht so einfach. Die Grenzen können hier fließend sein.

Aus dem Grund ist es wichtig, frühzeitig zu erkennen, wann es sich um Erwartungen handelt, die das Projekt betreffen. Sei es betreffend Ziele, Scope, Vorgehen oder Sonstigem. Das kann primär durch nonverbale Kommunikation und Stimmung in den Meetings erkannt werden, aber auch durch konkrete Reaktionen und Feedback zwischen den beiden Parteien.

Wenn ich versuche, die Erwartung, die andere untereinander haben, zu priorisieren, dann laufe ich auch nicht Gefahr, dass ich mich um Angelegenheiten kümmere, die mich nichts angehen. Ich nehme die Erwartungen auf und schaue, welche auf meine Arbeit starken Einfluss haben. Eine andere Option ist das Erstellen einer Erwartungslandkarte (vgl. Abb. 4.9). *Wer hat an wen welche Erwartungen? Wie wahrscheinlich ist es, dass diese zueinander passen und erfüllt werden? Welchen Einfluss haben diese auf meine Arbeit?* Für diese Aufgabe muss ich „feine Antennen" haben und immer wieder prüfen, ob die Erwartungslandkarte noch aktuell und gültig ist. Vielleicht haben sich Prioritäten verschoben, vielleicht klaffen Erwartungen nun mehr oder auch weniger auseinander als noch vor zwei Monaten.

Nicht nur als Projektleiter, sondern auch in anderen Rollen kann ich als eine Art Dolmetscher tätig werden, um zwischen zwei Parteien zu vermitteln. Allerdings darf man an der Stelle nicht vergessen, dass wir hier davon reden, dass die impliziten gegenseitigen Erwartungen auseinandergehen. Was für mich als Außenstehender offensichtlich ist, erkennen die zwei Beteiligten (noch) nicht. Wir sind also (noch) nicht in einer Konfliktsituation. Es liegt auch nicht offen auf dem Tisch, dass Erwartungen auseinander zu gehen

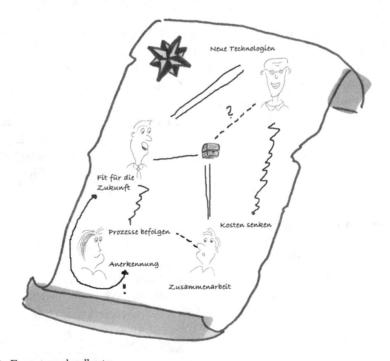

Abb. 4.9 Erwartungslandkarte

drohen. Aus dem Grund gilt es hier mit Fingerspitzengefühl an die Sache dran zu gehen. Das bedeutet, erst einmal die eigene Wahrnehmung anzusprechen. Vielleicht zu Beginn nur bei einer Person anstatt gleich bei beiden zusammen, da die Wahrnehmung ja doch subjektiv ist. Aus dem Grund sind hier ICH-Botschaften angebracht. Wer immer auf der Suche nach „Raum und Zeit" ist, dem empfehle ich für solche Gespräche ein gemeinsames Mittagessen oder Feierabendbier. Hier sollte lediglich darauf geachtet werden, dass es nicht die Firmenkantine ist oder in der Nähe des wöchentlichen Stammtischs der Nachbarabteilung.

Der Schlüssel liegt sowohl beim Wahrnehmen als auch beim Ansprechen solcher Themen in den Emotionen und im Beziehungsmanagement. Je besser meine Beziehung zu der Person ist, umso mehr wird sie bereit sein, mir von ihren impliziten Erwartungen und ihren Bedürfnissen dahinter zu erzählen. Solche Gespräche bedürfen eines geschützten Rahmens, in dem Sicherheit gegeben ist und Vertrauen ausgestrahlt wird. Raus aus dem gewohnten Umfeld, weg von anderen die zuhören können, hin zu einem neutralen Umfeld. Neben der Umgebung trägt aber auch mein Verhalten dazu bei, Sicherheit und Vertrauen zu vermitteln. Die typischen Methoden der Gesprächsführung sind hier angesagt. Aktives Zuhören, verifizieren, paraphrasieren und Erwartungen aktiv umformulieren, dem Gegenüber zeigen, dass ich zuhöre, verstehe was er sagt und ihn ernst nehme.

Manche ergebnisorientierten Erwartungen kann ich aufnehmen, festhalten und im Zusammenhang mit dem Requirements Engineers formalisieren und zu „Hardfacts" machen. Das sind die angenehmsten Erwartungen, da sie mit wenigen Emotionen einhergehen und leicht im Umgang und bezüglich ihrer Erfüllbarkeit zu überprüfen sind.

Die Erwartungen, die wir mit einer Person besprochen haben, müssen auch der anderen Person übermittelt werden. Hierfür müssen wir Anknüpfungspunkte schaffen, damit wir nicht mit der Tür ins Haus fallen, wie es so schön heißt (Schönbach 2013, S. 119). Ein guter Punkt ist, den Betroffenen zum Beteiligten zu machen. Auch er wird Erwartungen haben, die an sich und an andere gerichtet sind. Hier kann ich die Erwartungen abholen und auch fragen, was derjenige denkt, was andere von ihm erwarten und wie er damit umgeht. Je nachdem wie weit hier die Erwartungen auseinanderliegen, kann es sich anbieten, für einen Austausch zu sorgen also beide Parteien an einen Tisch zu holen und als Mediator zwischen beiden zu vermitteln. Ziel sollte es sein, Gemeinsamkeiten zu finden und ein WIR-Gefühl in Bezug auf das Projekt zu schaffen.

Das eigene Verhalten beruht auf Gewohnheiten, die sich nicht von heute auf morgen ändern lassen. Aus dem Grund braucht das ganze Zeit, Geduld und Verständnis für diesen Änderungsprozess. Die Erwartungen werden nicht von heute auf morgen erfüllbar sein. Das ist auch der Grund, warum wir hier so früh wie möglich eingreifen sollten, sobald wir erkennen, dass Erwartungen auseinandergehen und somit negativen Einfluss auf das Projekt nehmen könnten. Lassen Sie uns also immer ein Auge auf die Situation haben und auch immer wieder Retrospektive mit den beteiligten Personen durchführen, um sie zur Selbstreflektion anzuhalten.

Diese Arbeit kostet sehr viel Zeit und Energie. Zeit und Energie, die für die eigenen Aufgaben scheinbar dann fehlen. Aus dem Grund sollte wohl überlegt sein, wann man investieren will oder muss und wann nicht. Manchmal gilt es auch nur, das eigene Team

zu schützen, indem man die Anstachelungen oder Spielereien der anderen vom Team fern-
hält, um diese nicht als Spielball zwischen verschiedenen Fronten auszusetzen, was ihnen
Kraft und Zeit raubt. Sicher sollte ich mir aber bewusst sein: Auch, wenn ich das Gefühl
habe, die Erwartungen, die andere untereinander haben, gehen mich nichts an, so wird das
Vermitteln hier doch weniger aufwendig sein, als mit den Folgen einer Eskalation im Projekt aufgrund nicht erfüllter Erwartungen umgehen zu müssen.

Besser ist es also, von vornherein zu versuchen, die Erwartungen aller realistisch zu
halten. Hierfür muss ich genau wissen, wer was kann und wer was braucht. Dieses Wissen
muss ich gegenüber allen Stakeholdern (dazu gehört ja auch das Team selbst) transparent
machen und ein Alignement erwirken. Durch die Nachvollziehbarkeit von Business Need
und dem Business Values von Lösungen, das Vorgehen im Projekt und die Teamkonstel-
lation, kann ein gemeinsames Verständnis geschaffen werden, das dafür sorgt, dass die
Personen effizient miteinander arbeiten, offener ihre Erwartungen kommunizieren und
einander helfen, diese zu erfüllen. Ein Big Picture vom Projekt oder ein Projektzielkata-
log, der periodisch aktuell gehalten wird, könnte in dem Zusammenhang ein gutes Medi-
um darstellen.

Für die Praxis

Erwartungslandkarte

   Wer hat welche Erwartungen an wen?

   Ist das Ziel gefährdet, wenn die Erwartungen nicht erfüllt werden?

      | ja   nein
      ↓   ⟶   Abwarten und im Auge behalten

   Ist mindestens eine der Personen bei mir im Kernteam oder gehört zu den
   Stakeholdern?

      | ja
      ↓   ⟶   Delegieren an den Auftraggeber, im Auge behalten
        nein

   Gezieltes Ansprechen meiner Wahrnehmung
   Anbieten von Mediation
   Im Auge behalten

4.5.3   Konsequenzen

4.5.3.1   Erwartung erfüllt

Oftmals nehmen wir gar nicht wahr, dass die Erwartungen anderer an andere erfüllt werden. Warum auch, wir arbeiten mit so vielen Menschen direkt und indirekt zusammen.
Und wenn wir schauen, wie viel wir zu tun haben, die eigenen Erwartungen an uns und

andere zu managen und obendrein noch die Erwartungen anderer an uns. Aber manchmal nehmen wir solche Momente auch bewusst wahr. Nämlich dann, wenn zuvor die Erwartungen spürbar auseinandergelaufen sind und nun doch Einigkeit und Übereinstimmung herrschen. Im Kleinen kann ich es einfach kurz zur Kenntnis nehmen und mich freuen, dass sich die zwei Parteien noch gefunden haben.

Je größer jedoch die Diskrepanz war und je länger und anstrengender der Weg zum gemeinsamen Verständnis war, umso mehr lohnt es sich, den Erfolg positiv zu erwähnen und Feedback zu geben, vielleicht auch die Situation zu „feiern" und alle zusammen zu einem Feierabendbier einzuladen.

Abhängig von der Geschichte und dem Weg kann ich ebenso versuchen, gemeinsam mit den Beteiligten einen „Reinforce cycle" zu durchlaufen (vgl. beispielsweise PCDA Modell nach Deming Abb. 4.10), um den Prozess beim nächsten Mal, wenn es darum geht, die Erwartungen abzugleichen und ein gemeinsames Bild zu schaffen, zu beschleunigen.

4.5.3.2 Erwartung nicht erfüllt
Werden Erwartungen nicht erfüllt, so kann damit unterschiedlich umgegangen werden. Ein Pessimist wird wohl mit Gleichgültigkeit reagieren und sagen, Erwartungen anderer sind die Erwartungen anderer. Je nachdem wie stark es ihn betrifft, werden vielleicht auch die einen oder anderen Emotionen mitschwingen.

Der Optimist wird dagegen vielleicht eher noch mal die Initiative ergreifen, in der Hoffnung, die zwei doch zusammenzubringen und Harmonie herstellen zu können. Dazu müssen die Erwartungen wieder explizit gemacht und ausgesprochen werden. Der Optimist fühlt sich als kleiner Babelfish (Adams 2009), der das gesprochene Wort des einen für den anderen übersetzt. Erst dann können diese abgeglichen und auf Unterschiede hingewiesen werden.

Abb. 4.10 PCDA Modell
nach Deming

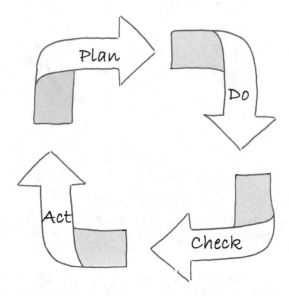

Der Realist wird in dem Fall nicht einfach wegschauen, aber auch nicht direkt in die Rolle des Lösungsfinders schlüpfen. Stattdessen wird er versuchen, das Gesamtsystem zu verstehen. Welchen Einfluss haben die nichterfüllten Erwartungen auf das eigene Projekt? Welche Ansatzmöglichkeiten gibt es? Vielleicht wird er sich auch erst noch von anderen Kollegen Rat holen, bevor er aktiv wird und gegebenenfalls über Mediation versucht zu unterstützen.

Sollte es angebracht sein zu intervenieren, so ist es ratsam, ein Forum zu schaffen für den Austausch zwischen den Parteien. Hier ist viel Empathie gefragt. Es soll nicht nur darüber gesprochen werden was alles schief lief und welche Erwartungen nicht erfüllt wurden, sondern auch Bedürfnisse offengelegt und Verständnis erzielt werden. Ziel ist es, eine solche Situation das nächste Mal zu vermeiden.

Für den Mediator ist es ratsam, es nach dieser Zusammenkunft nicht dabei zu belassen, sondern weiter ein Auge auf die Situation und die Personen zu haben. Nicht, dass er aktiv handeln soll, aber er muss zumindest rechtzeitig erkennen können, wenn die Situation wieder zu kippen droht und erste Missverständnisse aufkommen.

Zur Vertiefung

1. Wie erkenne ich, welche Erwartungen andere an andere haben? (Abb. 4.11)
2. In wie weit betrifft mich dieser Quadrant im Alltag?
3. Welche Möglichkeiten zum Umgang habe ich hier?

Abb. 4.11 Erwartung anderer an andere

Leben mit großen Erwartungen...

4.6 Das Finale

Mittlerweile ist es doch spät geworden. Ein Migrations-Job ist abgebrochen und musste erneut gestartet werden, einmal wurde noch ein falscher Parameter mitgegeben. Alles aber kein Beinbruch. Die Jobs wurden erneut gestartet und liefen schließlich fehlerfrei durch. Es ist Sonntag 16 Uhr und das Dashboard zeigt lauter grüne Ampeln. Es ist geschafft. Alle Daten sind in das neue System überführt worden und die Migration ist durch. Das neue System steht also bereit, erste Smoke Tests waren erfolgreich. Das Fehlerprotokoll liegt auch vor und zeigt weniger Datenverlust als erwartet auf. Demnach steht der Benutzung ab Montag nichts mehr im Wege. Langsam packen alle zusammen und machen sich auf den Heimweg. „Was für ein Projekt" denkt sich Monika. Das hätte sie zu Beginn nicht erwartet, dass es so verläuft. Apropos „erwartet". Sie hat einiges lernen dürfen zum Thema Erwartungen. Das waren ein paar harte Monate. Vor allem dann, wenn Erwartungen nicht erfüllt wurden, manchmal auch ihre eigenen. Aber aus Fehlern lernt man und das nächste Mal versucht sie, das ein oder andere besser zu machen. Und schon ist die erste eigene Erwartung geboren. Monika muss schmunzeln, packt ihre Tasche und geht heim.

Literatur

Adams, D. (2009). *Per Anhalter durch die Galaxis.* München: Heyne.

Förster, J. (2009). *Kleine Einführung in das Schubladendenken: Über Nutzen und Nachteil des Vorurteils.* München: Deutsche Verlags-Anstalt.

Heini, D. C. (14. Mai 2014). *HR und Leadership.* Von Führen heisst Erwartungen managen – einfach?: http://www.hrundleadership.ch/leadership/fuehren-heisst-erwartungen-managen-einfach/ abgerufen

Kenneth Blanchard; William Oncken, Jr.; Hal Burrows. (2007). *Der Minuten-Manager und der Klammeraffe* (Bd. 10). Hamburg: Rowohlt.

Lange, S. (2015). *Komplexität im Projektmanagement.* Wiesbaden: Springer Vieweg.

Schmitz, A. (2. Juni 2004). *Luftschlösser rechtzeitig auflösen.* Von CIO: http://www.cio.de/a/luftschloesser-rechtzeitig-aufloesen,803222 abgerufen

Schönbach, K. (2013). *Verkaufen, Flirten, Führen* (Bd. 2. Auflage). Wiesbaden: Springer.

Vigenschow, U. (2011). *Soft Skills für IT-Führungskräfte und Projektleiter: Softwareentwickler führen und coachen, Hochleistungsteams aufbauen.* Dpunkt Verlag.

Ursprung der Erwartungen

5

Zusammenfassung

Um Erwartungen managen zu können, ist es wichtig, ihren Ursprung zu kennen. Aus diesem Grund widmen wir uns in diesem Kapitel der Entstehung von Erwartungen und was für einen Einfluss Erwartungen auf die Wahrnehmung und das Verhalten von uns und anderen Personen haben.

Erwartungen entstehen durch Beobachten und Lernen. Schon ein kleines Kind lernt schnell, dass es hell wird, wenn es auf den Lichtschalter drückt. Wer so ein Kind schon einmal beobachtet und darauf geachtet hat, wie es reagiert, wenn es auf einen Lichtschalter drückt und das Licht bleibt aus, der weiß, dass hier wirklich Erwartungen im Spiel sind. Das Kind ist irritiert, weil die Erwartung nicht erfüllt wurde und das Licht ausbleibt, obwohl es den Schalter gedrückt hat. Je nach Charakter kann das zu einem Wutausbruch führen oder zur Verunsicherung (Arnold Lohaus 2013, S. 114). Die Spanne ist groß, nicht nur bei der Reaktion der Kinder, sondern auch Jahre später, bei uns Erwachsenen. Denn dieses Ursache-Wirkung-Prinzip reicht von alltäglichen Situationen bis hin zu sozialem Verhalten, Werten und Religionen, wie wir noch sehen werden.

Antizipation, also die Erwartungshaltung, ist somit weniger eine Bedürfnisbefriedigung, als vielmehr das Ergebnis einer Konditionierung aus frühen Zeiten (Andrea Kiesel 2011, S. 19). An der Stelle sei kurz der pawlowsche Hund erwähnt. Der russische Forscher und Mediziner, Iwan Petrowitsch Pawlow, führte bereits im Jahre 1905 ein Experiment durch, in dem er immer dann eine Glocke klingen ließ, wenn er einem Hund Futter gab. Die zwei Aktionen, Futter und Glocke, waren nach ein paar Malen für den Hund zusammengehörig, so dass er immer, wenn er die Glocke hörte, dachte, es gibt Fressen. Selbst sein Körper reagierte entsprechend und produzierte Speichel beim Läuten der Glocke,

© Springer Fachmedien Wiesbaden GmbH 2016
S. Lange, *Erwartungsmanagement in Projekten*,
DOI 10.1007/978-3-658-15615-2_5

auch wenn es kein Fressen gab. Man spricht hier von Konditionierung, sozusagen das künstliche Schaffen von Erwartungen, indem mehrere Reize miteinander in Verbindung gesetzt werden und so emotionale, aber auch körperliche Reaktionen auslösen.

Schauen wir also, wie Erwartungen in unserem Gehirn gebildet werden und wirken.

5.1   Gehirn

Der Grundstein für die Erwartungen wird bereits sehr früh im Kindesalter gelegt, wenn erste Erfahrungen gemacht werden. Das beginnt bereits in der Regel mit 18 Monaten (Gebauer-Sesterhenn 2013, S. 213). Beim Lernen, Beobachten, Experimentieren, aber auch aus jeder Erfahrung wird eine Vorstellung und schließlich auch eine Erwartung entwickelt. Diese Vorstellungen und Erfahrungen helfen uns, das Leben zu strukturieren und einschätzbarer zu machen (Heinz-Hermann Krüger 2013, S. 53). Das passiert meist unbewusst und entwickelt sich weiter aufgrund unserer täglichen Erfahrungen und Erlebnisse.

Alles was wir sehen, hören und erleben bezeichnet man als Außenreize. Diese werden durch unsere verschiedenen Sinnesorgane (wie Haut, Auge, Ohr, Nase) über sogenannte Rezeptoren aufgenommen (Thomas Heinzeller 2001, S. 270). Diese Rezeptoren leiten die Empfindungen über das Nervensystem in das Gehirn, wo sie verarbeitet werden. Abhängig von Gedächtnisinhalten (Erfahrung), Stimmungen, Gefühlen (Emotion) und Überlegungen, bzw. Einstellungen (Kognition), entsteht dann im Gehirn ein aktiv konstruiertes Bild der Welt mit eben auch den entsprechenden Erwartungen (vergleiche auch Bösel 2016).

Mit diesem Bild liegen wir aber manchmal auch falsch. Denn unsere Erinnerungen können täuschen. Wer kennt dieses Phänomen nicht: Während ich zu einem bestimmten Zeitpunkt in einem Projekt fast am Verzweifeln war und wir alle an der Leistungsgrenze gearbeitet haben, erscheint das Projekt und die Zeit damals rückblickend ein Jahr später betrachtet gar nicht mehr so tragisch. Das liegt daran, dass wir Dinge nur selektiv in Erinnerung behalten. Informationen, welche den eigenen Erfahrungen und Einstellungen entsprechen, werden eher im Gedächtnis behalten als andere. Dazu spielt noch ein weiterer Aspekt mit rein. Nämlich die selektive Verzerrung. Denn nicht schlimm genug, dass ich mich nicht mehr an alles erinnern kann – von dem, an was ich mich erinnere, entspricht ein Teil vielleicht auch gar nicht mehr ganz so der Ursprungssituation. Denn wir haben die Tendenz, Informationen entsprechend der persönlichen Bedeutung abzuwandeln. Und das kann je nach Situation anders sein und sich auch im Laufe der Zeit ändern, so dass sich eine Begebenheit mit der Zeit in der Erinnerung auch schleichend ändert. Details gehen verloren, Interpretationen werden reales Geschehen und hier und da gibt es eine kleine Lücke (Myers 2015, S. 361).

Auch hierfür gibt es zahlreiche Beispiele aus dem Projektalltag. Bei der selektiven Verzerrung lege ich anderen Personen Worte in den Mund, die sie nie gesagt haben. „Ich brauche jeden Tag für die Strecke 2 h mit dem Zug", „Oh, da verlierst du aber jeden Tag viel Zeit" „He, du kannst mir ruhig sagen, wenn du nicht willst, dass ich bei euch vor Ort bin". Hier stellt sich die Frage, wer wirklich nicht vor Ort sein will. Denn dieses Interpretieren von gemachten Aussagen passiert nicht einfach so. Hierzu gehört eine Vorgeschichte mit

Emotionen. Kenne ich diese, dann fällt es mir leicht darüber hinwegzusehen und die Situation wieder geradezurücken. Kenne ich die emotionale Situation oder die vergangenen Geschehnisse im Umfeld der anderen Person nicht, kann es leicht passieren, dass ich mich hier in einen Strudel reinziehen lasse, aus dem wir nur noch schwer entkommen können. Mehr dazu an späterer Stelle, wenn es um das Erwartungs-Karussell geht.

Vorher aber noch ein Beispiel zur selektiven Erinnerung (Kahler 2009, S. 73). Diese ist besonders bei erfahrenen Mitarbeitern sehr beliebt und kommt dort oft zum Einsatz. Sie nutzen dieses Symptom, wissentlich oder unwissentlich, nach meiner Erfahrung sehr clever. Denn es gilt nicht nur „Der erste Eindruck zählt.", sondern auch „Der letzte Eindruck bleibt." (Zacker 2007, S. 43). Also wird versucht, kurz vor dem Verlassen des Teams oder der Abteilung noch einen guten Eindruck zu schinden, der dann hoffentlich ausschlaggebend für die Beurteilung ist. Und aus der Erfahrung, die ich bisher gemacht habe, funktioniert das erstaunlich gut. Die letzten zwei „perfekten Monate" können sich wie eine Haartönung über die grauen Stellen der vergangenen Jahre legen. Und genauso wie eine Haartönung sich auswäscht, werden auch hier die „Leichen" nach einiger Zeit wieder ans Licht kommen. Aber zu der Zeit ist die Beurteilung geschrieben und der Mitarbeiter bereits woanders. Natürlich funktioniert das Ganze nur, wenn die beurteilende Person sich auf die Verzerrung einlässt. Da Sie als Leser spätestens jetzt davon erfahren haben, können Sie für die Zukunft auf solche oder ähnliche Verzerrungen achten und diese versuchen zu umgehen oder gar zu vermeiden.

Neben der selektiven Wahrnehmung, Verzerrung und Erinnerung gilt es aber auch zu bedenken, dass wir uns mit der Zeit verändern, ebenso wie die Menschen um uns herum. Andere Umstände und andere Inhalte bringen nie ganz die gleichen Muster hervor, nach denen wir messen (Jahnke 1982). Ein Zimmer, das mir in meinem kindlichen Alter von 4 Jahren noch riesig groß vorkam und als Palast voller Legos in meinem Kopf gespeichert war, hat sich heute, nach 30 Jahren, als kleiner Dachboden von nicht mal mehr 10 qm entpuppt. Provokant formuliert basieren Erfahrungen auf Erinnerungen und diese können oftmals trügen. Erinnerungen verschwimmen und man legt sie sich so zurecht, wie man es gerne hätte. Somit wird die Welt ein bisschen mehr so wie man sie gerne hätte. Nicht umsonst heißt es: „Früher war alles besser". Ob das immer noch so stimmt, wenn wir noch mal in das „Früher" versetzt werden würden, wage ich jedoch zu bezweifeln.

Trotzdem schaffen Erwartungen Struktur und geben damit Sicherheit. Struktur geben auch Muster und Abläufe, die wir abrufen können (F.H. Kanfer und Reinecker, 2013, S. 260). Wenn wir daran denken, wie beispielsweise ein Besuch bei der Verwandtschaft abläuft, ein schöner Abend zu zweit bei einem Glas Wein oder eine Gerichtsverhandlung, so hat jeder seine eigene Vorstellung, was hier passiert. Und oftmals trifft das dann auch zu. Und das wiederum ist doch irgendwie beruhigend.

In der Einleitung von diesem Kapitel hatten wir es bereits vom pawlowschen Hund, der immer Speichel produzierte, wenn das Glöckchen klingelte. Pawlow führte jedoch noch ein zweites Experiment durch, das nicht ganz so bekannt ist. Er bemerkte, dass sich der Hund nach einer Injektion von Morphium übergeben muss. Dieses Verhalten hielt an, auch wenn statt Morphium lediglich Kochsalzlösung gespritzt wurde, was per se keinerlei körperliche

Reaktionen auslöst (Wenzel 2016). Man spricht hier von einem Noceboeffekt (Langewitz 2011). Also durch die Erwartung, dass etwas Negatives passiert, tritt dieses auch ein. Quasi eine selbsterfüllende Prophezeiung (vgl. Abschn. 3.6.4). In den Medien begegnen wir heute eher dem Placeboeffekt, bei dem Dingen eine positive Wirkung zugeschrieben wird, und diese dann bereits durch den Glauben daran eintritt (Braunmiller 2014). Das Prinzip ist jedoch dasselbe.

Ihre Gedanken bestimmen, ob sie Ihr Leben zum Erfolg führen. Das bestätigt auch der Blick ins Gehirn, der die neurobiologischen Ursachen hierfür verrät. Hier werden die gleichen Areale im Gehirn aktiv. Warum das so ist, würde aber an dieser Stelle zu weit führen. Hier sei lediglich auf die entsprechenden Studien und Literaturen hingewiesen (Bingel 2015). Unterm Strich bleibt die Aussage bestätigt: „Was man glaubt bewahrheitet sich" – die Selbsterfüllende Prophezeiung. Dieses Phänomen ist unter Soziologen und Psychologen schon lange nicht mehr wegzudiskutieren. Eine Erwartung ist die Haltung in uns, dass etwas so und nicht anders eintrifft. Und diese Haltung macht den Unterschied. Eine Haltung beeinflusst mein Handeln und Denken. Bekannt ist uns das aus dem Umfeld der Therapien. Die Erwartung an eine Therapie bestimmt ihre Wirkung. Ein Gedicht aus dem Talmud fasst das Ganze in meinen Augen sehr schön zusammen:

Achte auf deine Gedanken, denn sie werden Worte. Achte auf deine Worte, denn sie werden Handlungen. Achte auf deine Handlungen, denn sie werden Gewohnheit. Achte auf deine Gewohnheiten, denn sie werden dein Charakter. Achte auf deinen Charakter, denn er wird dein Schicksal. (Talmud)

Unsere Erwartungen dienen als eine Art Filter und beschleunigen somit unsere Wahrnehmung (Melloni 2011). Und damit sind wir auch schon beim nächsten Abschnitt, wie Erwartungen und Wahrnehmung zusammenhängen.

5.2 Wahrnehmung

Unsere Wahrnehmung wird durch unseren Lernprozess stark beeinflusst. Jeder setzt im Laufe seines Lebens aufgrund seiner Erfahrungen und Erinnerungen unterschiedliche Schwerpunkte. Daraus ergeben sich individuelle und kulturelle Unterschiede, sowie Unterschiede bezogen auf den zeitlichen Aspekt, die wir bei uns im Vergleich zu anderen Mitmenschen wahrnehmen können (Herbert Hagendorf 2011, S. 26). Das gilt auch für die Wahrnehmung, die jeder einzelne von uns hat. Wagen Sie doch einmal den Versuch und lassen Sie sich einen Workshop im Nachgang von zwei unterschiedlichen Personen zusammenfassen. Neben den unterschiedlichen Schwerpunkten werden auch andere Interpretationen, sprich Wahrnehmungen, anzutreffen sein. Erwartungen werden häufig aus persönlichen Erfahrungen abgeleitet. Diese Erfahrungen beeinflussen nicht nur die Emotionen und die Motivation von Menschen, sondern vor allem die aktuelle Wahrnehmung. Angst ist hier eine Auswirkung, bei der die Zusammenhänge sichtbar werden. Wer schon einmal einen schweren Fahrradunfall beim Cross Road hatte (Erfahrung), wird auf solchen Strecken vielleicht zukünftig ängstlicher (Emotion) und vorsichtiger unterwegs sein (Motivation), um solch einen Vorfall zukünftig zu verhindern. Lasse ich nun so eine

Person eine Strecke beurteilen und eine zweite Person, die keinen Unfall hatte, so wird die Einschätzung, wie gefährlich und anspruchsvoll die Strecke ist, sehr unterschiedlich ausfallen (Wahrnehmung) (Arnold Lohaus 2013, S. 212).

Unterschiedliche Gewohnheiten ergeben ein individuelles Adaptionsniveau: Das Adaptionsniveau ist ein subjektiver Beurteilungsmaßstab zur Einschätzung eines Reizes (z. B. unterschiedliche Einschätzung von Gewichten, je nach Gewöhnung und täglichem Umgang, z. B. bei einem Studenten und bei einem Bauarbeiter). Daraus ergibt sich folgende Formel (nach Heinz Hartmann):

Wahrnehmung = Reizaufnahme + Reizverarbeitung = Empfindung + Erfahrung

1976 stellte Graham Rawlinson im Rahmen seiner Dissertation an der University of Nottingham fest, dass die Reihenfolge der Buchstaben innerhalb von Wörtern – sofern ein oder mehrere Anfangs- und Endbuchstaben korrekt blieben – das Leseverstehen nur begrenzt beeinflusste (Rawlinson 1976). Hier das Beispiel:

„Gmäeß eneir Sutide eneir elgnihcesn Uvinisterät ist es nchit witihcg, in wleechr Rneflogheie die Bstachuebn in eneim Wrot snid, das ezniige was wcthiig ist, ist, dass der estre und der leztte Bstabchue an der ritihcegn Pstoiion snid. Der Rset knan ein ttoaelr Bsinöldn sien, tedztorm knan man ihn onhe Pemoblre lseen. Das ist so, wiel wir nciht jeedn Bstachuebn enzelin leesn, snderon das Wrot als gseatems."

Wir wissen, wo welches Wort stehen soll und wie es richtig geschrieben gehört. Diese Erwartung hilft uns, den Text auch entsprechend wahrzunehmen und nicht darauf zu achten, dass Buchstaben fehlen oder in der falschen Reihenfolge dastehen. Mir ist so etwas mal sehr anschaulich passiert und zwar beim Backen. Als ich damals neu in die Schweiz gekommen bin, habe ich hoch motiviert ein regionales Rezept ausprobiert. Dabei habe ich nicht weitergelesen und wie gewohnt abgemessen und die Zutaten verarbeitet. Allerdings wollte die Masse im Ofen einfach nicht fest werden, auch nach doppelter Backdauer. Was war passiert? Ich hatte die Maßeinheiten aus Deutschland übernommen. Hier werden Flüssigkeiten in ml angegeben. In der Schweiz dagegen rechnet man in dl. Das hatte ich nicht erwartet. Für mich bedeutet das, lieber doch noch mal genauer hinzuschauen. In Übertragung auf den Geschäftsalltag bedeutet das, nicht immer alles als gegeben hinzunehmen. Wir dürfen ruhig auch einmal innehalten und uns fragen, was hinter dem Verhalten steht. Erst fragen, dann schießen. Nicht wie im Wilden Westen und wie so gern von dem ein oder anderen praktiziert.

Lächeln, umdrehen, Augenrollen – nicht andersrum!

Während das gerade aufgeführte Beispiel zeigt, wie Erwartungen stark aus der Erfahrung und der Vergangenheit geprägt sein können, so können Erwartungen aber auch geprägt werden durch die aktuelle Situation oder das Umfeld, in dem man sich aktuell befindet (Hartmann 2013, S. 140). Ein Beispiel aus dem Alltag: Ein Paar ist bei Freunden zum Essen eingeladen. Der Gastgeber verabschiedet sich von den Besuchern mit folgenden Worten an die Frau gewandt: „Es war ein schöner Abend, komm gut heim". Der Partner ist stinksauer. Warum? Er nimmt diesen Satz als persönlichen Angriff auf seine Fahrkünste wahr, zumal beim Essen seine Frau noch erzählt hat, dass er selbst neulich erst geblitzt wurde.

Wenn wir hier eine Komponente ändern, sagen wir beispielsweise das Thema des vorrangehenden Gespräches, dann wäre die Reaktion wohl eine andere. Das glauben Sie nicht?

Daniel Kahneman beschreibt in seinem Buch „schnelles Denken, langsames Denken" sehr eindrücklich, wie hierzu Untersuchungen gemacht wurden und was diese zeigen. Abhängig davon, wie beispielsweise eine Frage gestellt wird, reagieren die Menschen unterschiedlich beim Geben der Antwort. In seinem Beispiel wurde eine Gruppe von Probanden nach dem Alter von Gandhi gefragt. Das Ergebnis fiel höher aus, wenn davor gefragt wurde, ob Gandhi 144 Jahre alt wurde. Unrealistisch, ja. Aber diese hohe Zahl ließ die Personen ein höheres Alter schätzen (Kahneman 2012).

Noch ein anderes Beispiel, das zeigt, wie stark Wahrnehmung und Erwartung zusammenhängen und beeinflussbar sind: Robert Rosenthal und Lenore F. Jacobson führten in einer amerikanischen Grundschule ein Experiment durch, indem sie den Lehrern erklärten, dass bei 20 % der Schüler innerhalb kurzer Zeit mit einem Intelligenzzugewinn gerechnet werden muss. Was sie nicht wussten war, dass diese 205 Schüler per Los ausgewählt wurden. Die Lehrer förderten diese Schüler unter der Annahme, dass diese besonders begabt seien. Nach einem Jahr stellte sich heraus, dass der IQ bei den Schülern dieser Gruppe um mindestens 20 Punkte gestiegen war im Vergleich zu der anderen Gruppe. Dieses Experiment ist auch unter dem Begriff „Pygmalioneffekt" bekannt (Wild 2015, S. 270). Hier sind wir wieder ziemlich nah an dem Begriff der selbsterfüllenden Prophezeiung. Weil die Lehrer glauben, dass die Schüler begabt sind, fördern sie sie so sehr, dass diese im Test nachher auch wirklich besser abschneiden.

Heute beschäftigt sich ein Teil der Psychologie mit dem sogenannten Priming. Darunter versteht man die Beeinflussung, wie ein Reiz assoziiert wird durch vorrangiges Setzen von anderen Impulsen. Diese Beeinflussung der Wahrnehmung geschieht meist unbewusst. Beispiele hierzu liefert Fritz Strack. Er führte einen Versuch durch, der ergab, wenn man einen Bleistift mit den Zähnen (ähnlich wie bei einem Lächeln) hält, Comics als lustiger empfunden werden, als wenn man den Stift mit den vorgestülpten Lippen im Mund hält (ähnlich wie bei einem „schmollenden" Gesichtsausdruck) (Fritz Strack 1988, Nr. 54). Priming geht aber noch weiter. Wenn Sie während der Kaffeepause über die politische Situation in der Türkei sprechen und hier eine angeregte Diskussion führen – was meinen sie, wo sie im Anschluss wohl ihr Mittagessen holen? Beim Döner nebenan, oder beim China Take Away auf der anderen Straßenseite? Noch ein anderes Beispiel: Ein Mitarbeiter aus ihrem Team steht bei ihnen im Zimmer und berichtet, dass sich das Team in der Aufwandschätzung vertan hat. Aufgrund technischer Schwierigkeiten wird das Arbeitspaket wohl noch mehrere Wochen länger brauchen und nicht mehr in dieser Iteration fertig werden. Kurz darauf bekommen Sie einen Anruf von ihrem Lieferanten, der Ihnen mitteilt, dass er den Liefertermin wieder einmal nicht einhalten kann. Was meinen Sie, wie Sie hier reagieren und wie Sie sich fühlen? Stellen wir uns nun vor, vor dem Anruf Ihres externen Partners wäre Ihr Chef im Zimmer gestanden und hätte beiläufig fallen lassen, für wie gut er die Zusammenarbeit zwischen Ihnen und dem Lieferanten erachtet und dass er froh ist, dass Sie bisher alle Probleme so gut gemeinsam gemeistert haben. Denken Sie, das hätte einen Einfluss darauf, wie das nachfolgende Telefonat verläuft? Ich denke schon. Und wenn Sie es nicht glauben, probieren Sie es doch selbst bei der nächsten unangenehmen Besprechung aus. Während Sie noch auf die anderen Teilnehmer warten und Smalltalk betreiben, reden Sie von etwas Positivem, das bisher gut lief oder von anderen Situationen, die Sie bereits gemeistert haben. Das wird die Grundstimmung komplett ändern und damit, zumindest eine Zeit lang, auch das Klima in der Besprechung.

Die Erwartung einer Person bezüglich der Leistung einer anderen Person bewirkt oft das Erwartete, gerade in Erziehungssituationen. Womit wir auch schon bei dem Thema „Prägung von Erwartungen" wären, nämlich zum Beispiel über die Erziehung.

5.3   Prägung

Erwartungen sind Erfahrungen aus der Vergangenheit. Diese können durch Vorleben von Eltern oder Freunden entstehen. Dabei spielt die jeweils subjektive Lebenserfahrung und das Lebensalter eine wesentliche Rolle. Ebenso sind die Kultur und das Umfeld in dem man aufgewachsen ist, wo man studiert hat oder arbeitet und die Freizeitgestaltung ausschlaggebend für die weitere Prägung (Northoff 2015, S. 54). Lernt ein Kind frühzeitig in einer Spielgruppe den Umgang mit Kindern aus anderen Kulturen und macht damit gute Erfahrungen, so wird sich das auch in Zukunft positiv auf den Umgang des Kindes als Erwachsener mit Ausländern auswirken. Werden in der Spielgruppe aber gleich negative Erfahrungen gemacht, wie beispielweise vermehrtes Schlagen, Spielsachen wegnehmen und Schreien, so wird dadurch unter Umständen auch für die Zukunft eher eine Distanzhaltung geschaffen gegenüber anderen Nationalitäten.

Auch wenn viele Menschen versuchen, privates und geschäftliches zu trennen, so kann es doch hilfreich sein, ein paar private Details von dem Gegenüber zu kennen, um ihn besser einschätzen zu können. Wenn ich zum Beispiel weiß, dass mein Gegenüber bereits schlechte Erfahrung mit asiatischen Mitbürgern gemacht hat, werde ich versuchen, ihm nicht die Verantwortung für ein Projekt zu geben, das in erster Linie mit Indern umgesetzt werden soll, sondern ihn mitlaufen lassen, damit er seine Vorurteile abbauen, besser gesagt seine negativen Erfahrungen durch positive ersetzen kann. So kann er dann in die Rolle reinwachsen, um das nächste Mal solch ein interkulturelles Team zu führen. Die Themen Erziehung und Vorbilder bringen uns auch wieder zu dem Exkurs aus dem ersten Kapitel (vgl. Abschn. 1.5), in dem es darum ging, dass unterschiedliche Generationen unterschiedlich geprägt sind und daher verschiedene Erwartungen an sich und die Gesellschaft haben. Die neue Generation ist geprägt durch Technik, die sie jeden Schritt im Alltag begleitet. Kein Wunder, dass sie andere Erwartungen an das Auto von heute haben, in denen möglichst viel Elektronik sein muss. Für die frühere Generation ist es dagegen wichtig, dass möglichst viel am Auto selbst repariert, verstanden und ausgetauscht werden kann. Heute ist es ja bereits kritisch, wenn wir das Rad selber wechseln wollen.

Manchmal werden leider auch eigene Defizite durch Erwartungen an andere zu verdecken versucht. Diese Erwartungshaltung kann einengen und ist vor allem in Partnerschaften oft erkennbar. *„Meine Defizite soll mein Partner abdecken"*. Das, was uns aus der Kindheit fehlt, suchen wir bei unserem Partner. Wenn wir hier weiterschauen, kommen wir sehr schnell zur Psychologie. Doch aus Gründen der Fokussierung möchte ich dieses Fass nicht aufmachen. Wer Genaueres wissen möchte, was es mit der Projektion der eigenen Erwartungen auf den Partner auf sich hat, dem empfehle ich das Buch „Sozialpsychologie" von Klaus Jonas (Jonas et al. 2014). Kurz zusammengefasst heißt es zu erkennen, wann die gestellten Erwartungen auf eigenen Defiziten beruhen und welche konkreten Erwartungen mit diesen Defiziten verbunden sind. Nur so können diese hinterfragt und auch losgelassen beziehungsweise bei sich selbst angepasst werden.

In unserer Gesellschaft existiert die Muss-Erwartung/Norm, dass Menschen keine Morde begehen sollen. Dass diese Erwartung grundsätzlich bestehen bleibt, obwohl ständig Morde und damit Erwartungsenttäuschungen geschehen, nennt man die kontrafaktische Stabilität dieser Erwartung. Oftmals ist es aber dennoch schwer, an Erwartungen festzuhalten oder mehr noch, Erwartungen gerecht zu werden, wenn man weiß, dass diese eigentlich nicht von Bedeutung sind und sich niemand daran hält. Vielleicht halten wir uns auch nur an die Vorgaben aus Angst, anderenfalls unser Projekt zu verlieren. Lassen Sie mich ein Beispiel bringen aus dem Projektalltag, das bestimmt die meisten von ihnen schon durchlebt haben. Es geht um die Erstellung von Dokumenten zu definierten Zeitpunkten, unabhängig davon, ob diese für das Projekt einen Mehrwert generieren oder nicht. Jeder findet es unnötig, keiner liest die Dokumente durch. Wenn ich die Dokumente der Vorgängerprojekte anschaue, ist außer dem Deckblatt nichts an dem Template geändert oder inhaltlich hinzugefügt worden außer dem Projektnamen. Trotzdem erzeugen alle weiter tapfer diese Papiere, um einen Haken in der Checkliste setzen zu können. In solch einem Set-up stellt sich dann für mich oft die Frage, warum tue ich das Ganze eigentlich. Wie viel Handlungsspielraum habe ich hier und wo sind die Grenzen, wie weit darf ich gehen. Hier hilft es mir, eine objektive Realität darzustellen und diese in Bezug auf Strategie und Wirtschaftlichkeit zu betrachten. (Rothmann 2013, S. 55).

Aber auch die Einstellung spielt eine wichtige Rolle im Zusammenhang mit Erwartungen. Das bedeutet, wie ich etwas wahrnehme, welche Erwartungen ich daraus ableite aber auch, wie ich mit dem Ergebnis anderer umgehe. Schließlich gehen Psychologen davon aus, dass Optimisten erwartungsfreudig in die Zukunft schauen. Freude oder Glück ist psychologisch gesehen nicht die Erfüllung einer Erwartung, sondern die Erwartung selbst (Rankin 2014). Hingegen kann ein langes herbeigesehntes freudiges Ereignis, wie etwa ein als lustvoll empfundener Konsumakt, finanzielle Zuwendung oder eine berufliche Beförderung, wenn es dann wirklich eintritt, gar nicht mehr richtig beglücken. Bei uns kann die antizipatorische, also vorwegnehmende Freude besonders stark ausgeprägt sein, wenn wir an die Vorfreude auf den lang ersehnten Urlaub denken.

Wie genau sich Erwartungen bilden und was sie beeinflusst, dazu gibt es mehrere Theorien, sogenannte Attributionstheorien. An dieser Stelle soll lediglich auf einen Vertreter dieses Forschungszweigs, nämlich Harold Kelley eingegangen werden, da meiner Meinung nach seine Theorie am meisten Einfluss in der Psychologie hat und das Wissen um sie von Relevanz für unseren Projektalltag ist (Jelinski 2014).

5.4   Attributionstheorie nach Harold Kelley

Kelley hat im Jahre 1967 das Verhalten von Personen analysiert und zwei Arten von Ursachen definiert, die das Verhalten beeinflussen (Kelley 1967). Zum einen können Verhaltensweisen darauf basieren, dass die Situation dieses Handeln verlangt (external, situativ), und zum anderen können es von der Person und ihrem Charakter getriebene Verhaltensweisen sein (internal, dispositional).

Beobachten wir das Verhalten von Menschen, so können wir überprüfen, ob das Verhalten der Person typisch ist für diese Situation. Das bedeutet, ob bei einer ähnlichen Gegebenheit ein ähnliches Verhalten auftritt. Man spricht hier von hoher bzw. niedriger Konsistenz. Liegt eine hohe Konsistenz vor, so liegt die Erwartung nahe, dass dieses Verhalten typisch ist für die Person.

Jetzt müssen wir jedoch noch unterscheiden, ob das Verhalten in der Person und ihrem Charakter begründet ist, oder eher in der Situation. Hierfür schauen wir, ob andere Menschen sich ähnlich verhalten (Konsens) und ob das Verhalten situationsbedingt ist (Distinktheit). Sind die Fragen mit Ja zu beantworten, dann können wir davon ausgegangen, dass es sich um ein situatives Verhalten handelt, dass nicht in der Person selbst verwurzelt

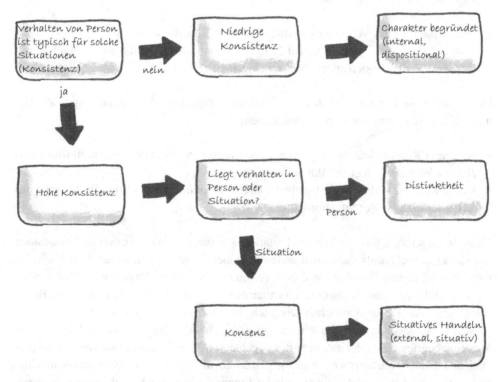

Abb. 5.1 Attributionstheorie nach Harold Kelley

ist, sondern extern bedingt ist. Die Auswertung dieser Informationen liefert die gewünschte Kausalitätszuschreibung (Abb. 5.1).

Schauen wir uns ein Beispiel an und wählen dazu das Rauchverhalten eines viel be-
schäftigten Managers, wir nennen ihn Rudi Rastlos:

Immer wenn es im Projekt stressig wird, tendiert unser Rudi dazu, vermehrt Raucher-
pausen einzulegen (hohe Konsistenz). Damit ist bei uns eine Erwartung an das Verhalten
von Rudi geboren, wie er sich in Stresssituationen verhält. Da er sich ansonsten eher gesund
ernährt und viel Sport treibt, ist dieses Verhalten eher situationsbeding (hohe Distinktheit).
Andere Personen in dieser Situation trinken vielleicht ein Gläschen mehr Wein abends, essen viel Schokolade oder machen mehr Sport, wenn es stressig wird. Damit ist der Konsens
eher gering. Das Verhalten liegt demnach im Charakter unseres Rudis begründet.

Nehmen wie einen Architekten, der bereits für viele Projekte sehr gute Lösungen kreiert
hat (niedrige Distinktheit). Die Qualität der anderen Architekten ist eher mittleren Maßes
(niedriger Konsens). Demnach scheint die Ursache für die gute Qualität höchstwahrschein-
lich in der Person zu liegen und nicht in der Situation. Ist es hingegen so, dass der Architekt
nur in diesem Bauprojekt ein gutes Ergebnis geliefert hat, ist vermutlich das Projekt die
Ursache des Verhaltens.

Zusammenfassend kann gesagt werden:

• Distinktheit: Ist das Verhalten spezifisch für diese Situation?
• Konsistenz: Tritt das gleiche Verhalten in einer ähnlichen Situation wieder auf?
• Konsens: Verhalten sich andere Menschen genauso?

Bei niedriger Konsistenz wird das Verhalten des Akteurs als Ausnahme eingestuft. Bei
hoher Konsistenz wird wie folgt unterschieden:

• Niedriger Konsens und niedrige Distinktheit führen zu interner Attribution (die Ursa-
  che des Verhaltens liegt im Akteur)
• Hoher Konsens und hohe Distinktheit führen zu externer Attribution (die Ursache des
  Verhaltens liegt in der Situation)

Viele Studien haben Kelleys Theorie bestätigt, allerdings werden Konsensinformationen
schwächer gewichtet als die beiden anderen. Stehen Teile der benötigten Informationen
nicht zur Verfügung, werden sie durch Vermutungen ersetzt. Dass einem Handelnden
mehr Distinktheits- und Konsistenzinformationen zur Verfügung stehen als einem Beob-
achter, trägt zur Akteur-Beobachter-Divergenz bei (Johann 2011, S. 28).

Was bringt uns nun aber das Wissen um diese Theorie? Ein Verhalten, dass auf eine
Situation begründet ist oder aufgrund des allgemeinen Verhaltens lässt sich anders ansprechen und damit Erwartungen auch anders platzieren, als eine Verhaltensweise, die im Charakter begründet liegt. Denn charakterliche Eigenschaften und Verhaltensweisen lassen
sich nur sehr schwer ändern. Und hier stellt sich für mich auch die Frage, inwieweit das
schlimm ist. Warum muss ich Menschen ändern anstatt zu lernen, mit ihnen umzugehen,

die Person dort einzusetzen, wo sie ihre Stärken hat oder demjenigen eben neue Perspektiven aufzuzeigen (Stephan Kühn 2005, S. 98). Situative Verhaltensweisen kann ich dagegen ansprechen und auch trainieren, dass ich in solchen Momenten anders reagiere. Zurück zum Thema Erwartungen: Wenn ein Verhalten im Charakter begründet ist, kann ich nicht erwarten, dass es geändert wird. Liegt das Verhalten jedoch an der Situation, so kann ich entweder etwas an der Situation ändern, die Person bitten, an der Situation zu arbeiten oder eben versuchen, das Verhalten in der entsprechenden Situation anzupassen. Erwartungsmanagement: Auch so etwas braucht Zeit, Geduld und viel Liebe. Und vor allem müssen beide es wollen.

Literatur

Andrea Kiesel, I. K. (2011). *Lernen: Grundlagen der Lernpsychologie.* Wiesbaden: Springer.
Arnold Lohaus, M. V. (2013). *Entwicklungspsychologie des Kindes- und Jugendalters für Bachelor.* Wiesbaden: Springer.
Bingel, P. D. (7. Juli 2015). *Bundesministerium für Bildung und Forschung.* Von Erwartung an eine Therapie bestimmt die Wirkung - Blick ins Gehirn verrät die neurobiologischen Ursachen: http://www.gesundheitsforschung-bmbf.de/de/4976.php abgerufen
Bösel, R. (2016). *Wie das Gehirn „Wirklichkeit" konstruiert: Zur Neuropsychologie des realistischen, fiktionalen und metaphysischen Denkens.* Stuttgart: Kohlhammer Verlag.
Braunmiller, H. (10. September 2014). *Placebo und Nocebo – Die erstaunliche Kraft des «Nichts».* (SRF) Von SRF - Schweizer Radio und Fernsehen: http://www.srf.ch/gesundheit/psyche/placebo-und-nocebo-die-erstaunliche-kraft-des-nichts abgerufen
F.H. Kanfer, H. Reinecker. (2013). *Selbstmanagement-Therapie: Ein Lehrbuch für die klinische Praxis.* Wiesbaden: Springer.
Fritz Strack, L. L. (1988, Nr. 54). Inhibiting and Facilitating Conditions of the Human Smile. *Journal of Personality and Social Psychology,* 768–777.
Gebauer-Sesterhenn, B. (2013). *Die ersten drei Jahre meines Kindes.* München: Gräfe und Unzer.
Hartmann, P. (2013). *Wunsch und Wirklichkeit: Theorie und Empirie sozialer Erwünschtheit.* Wiesbaden: Springer.
Heinz-Hermann Krüger, R. L. (2013). *Lernen und Erfahrung: Perspektiven einer Theorie schulischen Handelns.* Wiesbaden: Springer.
Herbert Hagendorf, J. K.-J. (2011). *Allgemeine Psychologie für Bachelor: Wahrnehmung und Aufmerksamkeit.* Wiesbaden: Springer.
Jahnke, J. (1982). *Sozialpsychologie der Schule.* Wiesbaden: Springer.
Jelinski, J. (2014). *Prozesse des Entstehens und des Verlustes von Vertrauen aus attributionstheoretischer Sicht: Eine Analyse unter besonderer Berücksichtigung des ... Netzwerkerfahrungen in Geschäftsbeziehungen.* Mering: Hampp, R.
Johann, T. (2011). *Mitarbeiter erfolgreich führen: Psychologische Grundlagen und praktische Beispiele.* Wiesbaden: Springer.
Kahler, B. (2009). *Determinanten der integrierten Kundenbindung: Eine empirische Studie zum Vergleich von Category Management mit einem alternativen Vermarktungskonzept.* Wiesbaden: Springer.
Kahneman, D. (2012). *Schnelles Denken, langsames Denken.* München: Siedler Verlag.
Kelley, H. H. (1967). Attribution theory in social psychology. In D. Levine, *Nebraska Symposium on Motivation* (S. Vol 15, pp. 192–238). Lincoln: University of Nebraska Press.

Klaus Jonas; Wolfgang Stroebe; Miles Hewstome. (2014). *Sozialpsychologie* (Bd. 6). Heidelberg: Springer.

Langewitz, W. (2011). Placebo – Nocebo. In H. W. Adler RH, *Psychosomatische Medizin. Theoretische Modelle und klinische Praxis* (S. 493–498). München: Urban & Fischer.

Melloni, D. L. (29. Januar 2011). *Max Plank Gesellschaft.* Von Erwartung beschleunigt bewusste Wahrnehmung: http://www.mpg.de/1060839/Erwartung_Wahrnehmung abgerufen

Myers, D. G. (2015). *Psychologie.* Wiesbaden: Springer.

Northoff, G. (2015). *Wie kommt die Kultur in den Kopf?: Eine neurowissenschaftliche Reise zwischen Ost und West.* Wiesbaden: Springer.

Rankin, D. m. (2014). *Mind over Medicine - Warum Gedanken oft stärker sind als Medizin: Wissenschaftliche Beweise für die Selbstheilungskraft.* München: Kösel-Verlag.

Rawlinson, G. E. (1976). *The significance of letter position in word recognition.* Nottingham: University of Nottingham, Psychology Department, Unpublished PhD Thesis.

Rothmann, W. (2013). *Wahrnehmung des strategischen Handlungsspielraumes.* Springer.

Stephan Kühn, I. P. (2005). *Psychologische Theorien für Unternehmen.* Göttingen: Vandenhoeck & Ruprecht.

Thomas Heinzeller, C. M. (2001). *Histologie, Histopathologie und Zytologie für den Einstieg.* Stuttgart: Georg Thieme Verlag.

Wenzel, A. (27. Februar 2016). *DocCheck FlexiMed.* Von Kochsalzlösung: http://flexikon.doccheck.com/de/Kochsalzl%C3%B6sung abgerufen

Wild, E. (2015). *Pädagogische Psychologie.* Wiesbaden: Springer.

Zacker, C. (2007). *Erfolgreich auftreten im Beruf.* München: Gräfe Und Unzer.

Umgang mit Erwartungen im Alltag 6

Zusammenfassung

In dem vorherigen Kapitel wurde aufgezeigt, wie mit Erwartungen umgegangen werden kann und wie diese entstehen. Dabei stand eher der reaktive Aspekt im Vordergrund. Das bedeutet, mit den Gegebenheiten umgehen zu können. Im Vergleich dazu beschäftigt sich dieses Kapitel nun mit der Fragestellung, wie Erwartungen bewusst aktiv gesteuert und beeinflusst werden können, basierend auf dem theoretischen Wissen des vorangegangenen Kapitels.

Versuchen wir nun, das soeben gewonnene theoretische Wissen um Ursprung, Wahrnehmung und Prägung von Erwartungen für unseren Projektalltag anzuwenden. An dieser Stelle soll nicht mehr in die vier Dimensionen unterteilt werden (analog dem Kap. 4), sondern lediglich die Achse „Wer hat die Erwartung?" Anwendung finden. Das bedeutet, wir beleuchten zwei Themen: *Wie kann ich besser mit meinen Erwartungen, die ich an mich und andere habe, umgehen?* und *Wie kann ich besser Einfluss auf die Erwartungen nehmen, die andere haben, sei es an mich oder an dritte?* Dazu gehören Tipps bezüglich dem Umgang, was man aktiv tun kann, aber auch Vorschläge, wie eine andere Grundhaltung oder Denkweise die eine oder andere Situation verändern kann.

6.1 Das Erwartungs-Karussell

Zuerst möchte ich noch einmal kurz darauf eingehen, warum es aus meiner Sicht so wichtig ist, sich mit der Fragestellung zu beschäftigen „*Was sind die Konsequenzen, wenn ich meine und die Erwartungen anderer in meiner täglichen Arbeit außen vorlasse?*". Hierzu habe ich mir das Bild eines „Erwartungs-Karussells" einfallen lassen. Wenn man in ein

© Springer Fachmedien Wiesbaden GmbH 2016
S. Lange, *Erwartungsmanagement in Projekten*,
DOI 10.1007/978-3-658-15615-2_6

Karussell einsteigt, fängt es erst langsam an sich zu drehen. Mit jeder Runde wird es schneller und schneller und ein Aussteigen wird immer schwerer. Oft helfen dann nur noch die Notbremse und das Abbremsen durch jemanden von außen. Bezogen auf unsere Erwartungen heißt das, dass auch hier so ein Karussell in Gang kommen kann. Nämlich dann, wenn Erwartungen unerfüllt bleiben und Emotionen mit ins Spiel kommen. Dadurch können sich weitere Erwartungen bilden und Emotionen aufbauen, die Einfluss auf unsere Wahrnehmung haben. Das Ganze kann sich beliebig oft fortsetzen. Und mit jedem Mal wird es schwerer, wieder „objektiv" zu werden, soweit es Objektivität überhaupt geben kann. Manchmal helfen in solchen Situationen eben auch nur noch die Notbremse und das Aussteigen, oder die Hilfe von außen zu suchen, wie beispielsweise durch einen Mediator oder Coach. Schauen wir uns das Ganze praktisch an einem Beispiel an:

1. Erwartungen haben viele Ursprünge und in der Regel eines gemeinsam: sie werden selten ausformuliert und **bleiben meist unausgesprochen**. Das bedeutet, das Gegenüber weiß nichts davon.

Ein Beispiel: Der Projektleiter Moriz erwartet von seinem Requirements Engineer, nennen wir ihn Franz, dass er dem Business Lösungsvorschläge aufzeigt, die technisch auch umsetzbar und mit den Entwicklern durchgesprochen sind. Wenn diese Erwartung auch dem Selbstverständnis, also den eigenen Erwartungen, die Franz an seine Rolle hat, entspricht, dann werden Moriz und Franz wenige Konflikte haben. Sieht sich Franz aber als Lieferanten von Ideen für das Business, die im Nachgang erst mit der IT abgesprochen werden, nachdem der Kunde Heißhunger auf die neue, vorgeschlagene Funktion bekommen hat, dann kann das ganz schnell zu Problemen führen. Nicht nur zwischen Business und IT, sondern auch zwischen Franz und Moriz.

2. Entsprechen meine Erwartungen an mein Gegenüber denen, die dieser selbst an sich hat, werden ihn mein Verhalten und meine Reaktionen nicht weiter verwundern. Mehr noch, er wird es sogar in gewisser Weise erwarten. Schlecht ist es, wenn die Erwartungen auseinandergehen. Dann herrscht Verwunderung darüber, was gerade passiert ist und vielleicht auch Unverständnis. Denn **meine Erwartungen beeinflussen mein Handeln**.

Zurück zu unserem Beispiel: Nachdem es zu einem Problem kommt, weil Franz viele gute Ideen geliefert hat, die aber technisch weder im Zeit- noch im Kostenrahmen umgesetzt werden können, überlegt sich Moriz, wie solche Situationen in Zukunft vermieden werden können. Er entscheidet sich dazu, die E-Mails von Franz vorab technisch prüfen zu lassen, bevor sie an das Business gesendet werden (Sicherlich fallen ihnen als Leser und erfahrenen Projektleiter hier zahlreiche andere Möglichkeiten ein, wie Moriz besser reagieren könnte. Um das Prinzip des Karussells zu verdeutlichen, habe ich dieses Beispiel gewählt.).

3. Die Handlung, die ersichtlich wird, löst automatisch etwas beim Gegenüber aus. Das Wahrgenommene wird interpretiert und verschiedene Erklärungsversuche werden

gesucht. Damit **entsteht ein neues Bild mit neuen Erwartungen und damit verbundenen Emotionen**.

Für unser Beispiel könnte das wie folgt aussehen: Franz versteht die Welt nicht mehr. Das Business war begeistert. Und nur, weil er sich mit Person A abgestimmt hat anstatt mit B, steht er nun unter Beobachtung. Dabei war es gar nicht möglich aufgrund des Zeitdrucks alles bis ins Detail zu durchschauen und im kompletten Team abzustimmen. Jetzt fühlt er sich wie ein Kleinkind behandelt, das auf Schritt und Tritt überwacht wird. „Big Brother is watching you".

4. Diese neu gebildeten Erwartungen sorgen dafür, dass sich auch das **Handeln entsprechend anpasst** und die Person nun anderes reagiert.

Da Moriz Franz ja scheinbar nichts alleine zutraut, ist Franz nun trotzig und stimmt jeden einzelnen Schritt und jede E-Mail mit dem Lead Developer ab und schickt sie vorab Moriz zur Kenntnis. Durch diese, ich nenne es mal künstliche Abstimmung, kommt es natürlich auch zu zeitlichen Verzögerungen und Mehraufwänden beim Lead Developer.

5. Das neue und angepasste Verhalten beruht oftmals auf **falschen Annahmen und damit falsch abgeleiteten Erwartungen**. Die Annahmen werden bestimmt durch Emotionen und untermauert durch die fehlende Kommunikation. Das führt dazu, dass durch das neue Verhalten noch mehr Salz in die Wunde gestreut wird. Dabei hatte man doch eigentlich nur im Sinn, aus dem gemachten Fehler zu lernen, damit er in Zukunft nicht mehr vorkommt. Doch stattdessen hat man das Gegenteil erreicht. Eine Verschlechterung der Situation entsteht.

Moriz ist sichtlich verärgert, als der Lead Developer Denis zu ihm kommt und darüber klagt, wie viel Zeit er nun für die Abstimmung mit Franz investieren muss. „Nichts kann er alleine machen, für alles fragt er mich um mein OK". Das hätte Moriz nicht erwartet. Franz hat so viel Erfahrung, wie kann es da sein, dass er nichts alleine hinbekommt. Moriz ist genervt und verärgert. Hat er doch mit seinen eigenen Aufgaben genug zu tun. Jetzt muss er auch noch Kindergärtner spielen.

6. Diesen Kreislauf an Missverständnissen, falschen Erwartungen, negativen Emotionen und daraus resultierendem Verhalten können wir nun beliebig weiterdrehen. Bis irgendwann einer die Notbremse zieht und eskaliert oder aussteigt. Und das alles nur, weil die eigenen Erwartungen an den anderen oder die Erwartungen, die man meint, dass der andere an einen hat, nicht ausgesprochen wurden. Um zu verhindern, dass es Verletzte gibt bei dem Spiel, gibt es eine einfache Methode: **Reden**!

Moriz beschließt also mit Franz Mittag essen zu gehen. Nach etwas Smalltalk fragt Moriz dann schließlich: „Darf ich dich etwas fragen? Mich würde interessieren, was du von mir erwartest. Ich habe in letzter Zeit das Gefühl, wir haben unterschiedliche Vorstellungen von unserer Zusammenarbeit und ich befürchte, dass unser Team und das Projekt darunter leiden". Verblüfft schaut Franz Moriz an. Bisher hat ihn noch nie jemand so direkt auf solch ein Thema angesprochen. Er weiß gar nicht, was er sagen soll und ob das eine Fangfrage ist. Klar hat er dasselbe Gefühl und hat auch aktuell nicht das beste Bild von Moriz, aber darf er das jetzt so aussprechen? Moriz schaut Franz an. „Ich kann mir vorstellen, dass so ein Gespräch komisch für dich ist. Aber ich würde dein Feedback sehr schätzen und wenn du magst, kann ich ja mal beginnen zu erzählen, was ich aktuell so wahrnehme und dann kannst du deine Sicht ergänzen. " Einige Tage später stand der Lead Developer Denis bei Moriz im Zimmer. Er wollte wissen was geschehen sei. Franz sei wie ausgewechselt…

Nicht immer gibt es bei uns in den Projekten so ein Happy End wie in unserem Beispiel von Moriz und Franz. Zu schnell kommen wir in diesen Kreislauf und merken es vielleicht gar nicht, weil wir immer von einem Termin zum anderen und von einer Aufgabe zu nächsten hetzen. Alle reden von selbstorganisierenden Teams. Die Erwartung ist, dass sich die Personen in dem Team schon finden und eben selbst organisieren. Jeder weiß vermeintlich, was zu tun ist und welche Rolle er inklusive den damit verbundenen Aufgaben und Verantwortlichkeiten hat. Die Frage, die sich mir dann stellt, ist, ob das Team die gleiche Erwartungshaltung hat wie die Außenstehenden.

Vor einiger Zeit durfte ich Teilnehmer einer Veranstaltung sein, bei deren Anmeldung man bekannt geben sollte, welche Themen einen interessieren. Die Liste der frei erfassten Themen wurde unter allen Teilnehmern veröffentlicht. Nun sollten sich die Interessenten zu einem Thema selbstständig zusammenfinden. Als Team bestand die Aufgabe nun darin, die 3 Tage, die zur Verfügung standen, selbst zu planen und zu überlegen, wie das Thema gestaltet werden sollte. Was sich im ersten Augenblick sehr reizvoll anhört, ging bei der ein oder anderen Gruppe schief. Denn in einem Zeitalter der Unverbindlichkeit (ich erinnere an den Exkurs zu den Generationen) ist es gar nicht so einfach, Teilnehmer zu finden, die sich sowohl heute als auch noch in einem Monat für das Thema interessieren, geschweige denn, dann auch zu der Veranstaltung kommen. Die Gruppen blieben während der Veranstaltung sehr dynamisch. Manche Teams haben ihre Zeit effizient nutzen können, die anderen waren nach zwei Tagen noch in der Selbstfindungsphase. Warum ist das so? Ich bin der Meinung, dass auch sogenannte „selbstorgansierte Teams" Führung brauchen. Die Frage ist nur, ob die Führung durch den Team- oder Projektleiter wahrgenommen wird, oder durch ein anderes Teammitglied (Gloger und Rösner 2014). Um den Bogen wieder zurück zu unserem Erwartungs-Karussell zu bekommen, möchte ich an der Stelle gerne einen Vergleich wagen:

Genauso gut, wie sich selbstorganisierende Teams alleine führen können, können nicht ausgesprochene Erwartungen erfüllt werden.

In beiden Fällen, sowohl bei den ungeführten Teams, als auch bei den unausgesprochenen Erwartungen, kann das Team erfolgreich sein, es ist aber aus meiner Erfahrung eher seltener der Fall und mit Glück verbunden.

In Abb. 6.1 wird das Prinzip noch einmal grafisch mit einem anderen Beispiel veranschaulichen, bevor es zu den praktischen Tipps für Erwartungen im Alltag geht.

Abb. 6.1 Das Erwartungs-Karussell

6.2   Neun Tipps zum Umgang mit eigenen Erwartungen

6.2.1   Bewusst korrigieren

Sicherlich ist viel, was die eigenen Erwartungen angeht, zurückzuführen auf unsere Erziehung, beziehungsweise auf das, was wir in unserem bisherigen Leben erlebt und erfahren
haben. Und wir alle wissen, dass es leichter ist, etwas von klein auf zu lernen, als sich erst
im Erwachsenenalter neue Gewohnheiten anzueignen oder beispielsweise ein neues Instrument zu erlernen. Es dauert alles viel länger und ist mit viel Üben und Anstrengung
verbunden. Der altbekannte Spruch „Was Hänschen nicht lernt, lernt Hans nimmermehr"
führt uns das schön vor Augen. Zum Glück ist das Sprichwort aber nicht ganz richtig.
Denn auch wenn wir aus dem Studentenalter raus sind, können wir noch viel lernen. Allerdings müssen wir es wollen und bereits dazu sein, die Anstrengung in Kauf zu nehmen.
Wir können unsere Gewohnheiten und Erwartungen auch noch im (hohen) Alter bewusst
korrigieren und anpassen. Vielleicht ist es etwas mühsamer als in jungen Jahren und bedarf

mehr Disziplin und Aufmerksamkeit. Manch einem kann es hier helfen, sein Vorhaben jemandem mitzuteilen. Durch das Bekanntmachen und aussprechen bekommt es mehr Verbindlichkeit und kann dadurch auch zu einem Motivator werden. Zudem kann so kontrolliert werden, ob ich wirklich etwas verändert habe und dies nach außen sichtbar wird.

▶   Tipp 1   Bereit sein, etwas verändern zu wollen.

6.2.2 Konditionierung und Priming

Die Themen Konditionierung und Priming liegen ganz nah beieinander. Beides beschreibt, dass aufgrund eines Reizes eine andere Reaktion zu tragen kommt als gewöhnlich. Sowohl Priming als auch Konditionierung ist für mich als betroffene Person nicht so leicht ersichtlich wie für einen Außenstehenden. Meine Teammitglieder werden viel schneller merken, dass ich bei E-Mails von gewissen Personen anders reagiere als gewöhnlich. Eine gute Übung ist, das Bewusstsein zu schärfen, ob zwischen den eigenen Erwartungen, dem eigenen Verhalten und einem anderen Reiz (Handlung, Wort, Optik, Tat...) eine kausale Verbindung besteht (Lohmann 2003). Diese Beobachtung kann Erstaunliches zum Vorschein bringen. Am einfachsten ist so was natürlich immer, wenn wir mit dem Negativen beginnen. Das bedeutet, immer dann, wenn Sie spüren, dass negative Emotionen aufkommen, wie Ärger, Wut, Frust, Enttäuschung, dann sollten Sie sich kurz Zeit nehmen und reflektieren, was kurz zuvor passiert ist. Vielleicht machen Sie sich auch eine kurze Notiz. So werden nach kurzer Zeit Muster erkennbar, mit denen gearbeitet werden kann. Da es wie gesagt nicht so einfach ist, so ein Verhalten bei sich selbst wahrzunehmen, kann es auch helfen, eine Person des Vertrauens zu bitten, darauf zu achten, ob ihr solch ein Verhalten auffällt und Feedback zu geben. Am besten ist hier jemand aus dem Team, mit dem man viel zusammenarbeitet und der einen in den unterschiedlichen Situationen erlebt hat.

▶   Tipp 2   Feedback für eigene Verhaltensmuster einholen.

6.2.3 Attributionstheorie nach Kelley

Wenn Erfahrung, Emotionen und Kognition Einfluss auf unsere Erwartung und Wahrnehmung haben, so gilt es, diese zu hinterfragen. Erfahrungen können nicht geändert werden, aber es kann geprüft werden, ob die resultierende Erwartung aus einer bestimmten Situation entstanden ist, oder ob das Verhalten in meiner Person liegt. Hierbei hilft die Attributionstheorie nach Kelley. Indem ich hinterfrage, was die Ursache für meine Reaktion ist, kann ich verhindern, dass eine gemachte Erfahrung dazu führt, dass etwas pauschalisiert und für allgemeingültig erklärt wird, obwohl es sich um eine Ausnahmesituation gehandelt hat. Nicht zuletzt kann so auch verhindert werden, dass ich Personen voreilig in eine Schublade stecke und nicht mehr rauskommen lasse.

▶   Tipp 3   Hinterfragen der Situation und ihrer Relevanz.

6.2.4   Emotionen

Emotionen bestimmen Gedanken und Gedanken bestimmen das Handeln. Demnach lohnt es sich, bei seinen Erwartungen oder auch Bewertungen zu prüfen, inwieweit Emotionen mit im Spiel sind. Vielleicht gibt es eine Person, die einem eher unsympathisch ist. Vielleicht hat derjenige mal etwas gesagt oder getan, dass Ihnen gegen den Strich ging und seither haben Sie eher ein negatives Bild von dem anderen. Unter Umständen werden daher die Erwartungen an diese Person unverhältnismäßig sein. Sei es, weil man denkt: wenn die Person das Konzept erstellt, fehlt bestimmt wieder die Hälfte. Oder auch der gegenteilige Fall kann eintreten. Nämlich dass mir jemand sympathisch ist, die Chemie zwischen uns stimmt und ich demjenigen alles blind anvertraue. Beide Verhaltensweisen sind destruktiv und sollten frühzeitig aufgedeckt und vermieden werden.

▶   Tipp 4   Prüfen, ob ich mich gegenüber einer anderen Person genauso verhalten würde.

6.2.5   Selbsterfüllende Prophezeiung

Wenn wir an die selbsterfüllende Prophezeiung denken, liegt der folgende Tipp auf der Hand. Schließlich wird kein Projektleiter sagen: „Ich wusste doch von Anfang an, dass unser Team das nicht schafft". Stattdessen sollte davon ausgegangen werden, dass die Erwartungen realistisch erfüllt werden können und auch versucht werden, alles daran zu setzen, dass die Mitarbeiter die gesetzte Erwartung erfüllen können. Wenn ich daran glaube, dass der Mitarbeiter bereit ist, das Projekt zu leiten, werde ich unbewusst alles tun, um ihn dabei zu unterstützen, optimistisch eingestellt sein und dadurch motivierend wirken. Mit hoher Wahrscheinlichkeit wird er das Projekt meistern. Nicht, weil er plötzlich ein Überflieger ist und alles problemlos abläuft, sondern weil die Zusammenarbeit auf einer ganz anderen Basis passiert. Aus meiner Erfahrung heraus stellt die Angst vor Fehlern und Nachfragen kein Hindernis dar. Glaube ich nicht an seine Fähigkeiten, werde ich jeden Punkt diskutieren, der mir nicht passt und dadurch die Motivation meines Gegenübers zum Sinken bringen, bis er kapituliert, das Projekt mangels Unterstützung scheitert, oder der Mitarbeiter ausgebrannt ist, weil er trotz allem versucht hat, mir zu beweisen, dass er es schafft. Was man glaubt, bewahrheitet sich, denn unsere Wahrnehmung und damit unser Verhalten richtet sich danach.

▶   Tipp 5   Denke positiv ohne naiv zu werden.

6.2.6   Placeboeffekt

Ein Projektleiter kann sich auch den Placeboeffekt zunutze machen. Denn die Kraft kommt aus dem Glauben daran, etwas zu schaffen. Wenn ich einer Situation positiv gegenüberstehe, werde ich ihr viel entspannter entgegentreten und dadurch auch anders auf mein Umfeld wirken. Ich habe einen anderen Handlungsspielraum und ein anderes Auftreten, als wenn ich bereits negativ der Sache entgegenschaue und überlege, was alles schiefgehen kann. Stellen wir uns einen Projektleiter vor, der eine wichtige Präsentation halten soll. Ziel ist es, das ok für die Fortführung seines Projektes zu bekommen. Was meinen sie, wie sein Auftreten und seine Präsentation wirken, wenn er der Meinung ist, er befinde sich in einem Haifischbecken und das komplette Management warte nur darauf, ihn zu verspeisen und das Thema zu stoppen. Es liegt wohl auf der Hand, dass die Geschichte anders ausgehen wird, wenn die Einstellung des Projektleiters eine andere ist. Nämlich wenn er davon ausgeht, dass sein Projekt einen sinnvollen Nutzen für das Unternehmen bietet und die Zuhörer gerne diesen Nutzen aufgezeigt bekommen möchten. Die Einstellung der Mitarbeiter trägt also ebenso dazu bei, dass die Erwartungen erfüllt werden, wie auch die eigentliche fachliche und methodische Kompetenz der Personen. Sicherlich geht nicht das eine ohne das andere. Es braucht beides, das Wissen und das Wollen (Goldstein et al. 2009, S. 97).

▶   Tipp 6   Es braucht beides: Wissen und Wollen.

6.2.7   Realität akzeptieren

„Der Hund war blind, *weil* er in das Loch fiel. Oder: Der Hund war blind, *als* er in das Loch fiel." Ein kleines unscheinbares Wort reicht aus, um den Inhalt eines Satzes komplett zu verändern. Das gleiche geht übrigens auch, indem einfach ein Wort an eine andere Stelle im Satz gestellt oder anders betont wird. Vielleicht kennen Sie auch noch das Spiel „Stille Post". Wir haben es neulich erst wieder im Projekt-Kick off gespielt. Es wurde eine Geschichte mit 30 Fakten vorgelesen, die mündlich von einem zu anderen weitergegeben wurde. Von den 30 Fakten kamen am Ende nur 4 an, 2 davon waren falsch. Dafür haben sich zusätzlich 4 erfundene Fakten erstaunlich gut durchgesetzt. Auch dieses Beispiel zeigt sehr eindrücklich, dass wir nur selektiv zuhören und auch nur selektiv Dinge in Erinnerung behalten. Aus dem Grund tut es gut, seine „Realität", die man sich gebaut hat (warum ist etwas wie es ist) ab und zu zu hinterfragen oder durch einen Coach beleuchten zu lassen. Nur so kann der Unterschied zwischen der eigenen und der „wirklichen" Realität aufgezeigt werden. Diese „wirkliche" Realität gilt es dann zu akzeptieren und nicht an der eigenen Vorstellung mit den eigenen Erwartungen festzuhalten. Das klingt einfach, ist es aber oftmals nicht. Denn in meiner eigenen Realität fühle ich mich wohl und kenne mich aus. Auch hier bedarf es der bewussten Entscheidung, sich immer wieder hinterfragen zu lassen und auch bereit zu sein, etwas bei sich zu verändern.

▶ Tipp 7 Nicht an Erinnerungen festhalten, sie verblassen und entsprechen nicht mehr dem Hier und Heute.

6.2.8 Du bist du

Du bist einzigartig, mit allen Stärken, Schwächen, Fehlern und Liebenswürdigkeiten (vgl. Jürgen Werth, Vergiss es nie, 1976). Warum sollte man also versuchen, so zu werden wie jemand anders. Das wiederspricht dem eigenen Charakter und wird von den anderen sofort bemerkt und als gekünstelt bewertet. Das gleiche gilt aber auch in die andere Richtung. Und genau das ist der Grund, warum es nicht guttut, die Erwartungen, die ich an mich habe auch an andere zu haben. Jeder hat andere Stärken und andere Schwächen. Und das ist auch gut so. Denn hätten alle Personen im Projekt die gleichen Stärken und Schwächen wie ich, würden wir bestimmt nach zwei Monaten alles super strukturiert und analysiert, dafür aber Null Ergebnisse auf dem Tisch liegen haben. So einfach sich dieser Fakt auch anhört, das zu akzeptieren ist gar nicht so einfach. Menschen so anzunehmen wie sie sind, bedarf einiges an Disziplin. Vor allem, wenn die Gewohnheiten des anderen mir überhaupt nicht passen. Handelt es sich um eine situative Reaktion, kann ich es bestimmt ansprechen und schauen, ob hier etwas verändert werden kann. Liegt das Verhalten im Charakter begründet, erweist sich dies als etwas schwieriger (vgl. hierzu Attributionstheorie). Wenn es gar nicht geht, dann muss man sich im schlimmsten Fall auch einmal voneinander trennen und einer sucht dann besser andere Herausforderungen.

▶ Tipp 8 Akzeptieren, dass andere nicht die gleichen Ansprüche und Erwartungen haben wie ich an mich selbst.

6.2.9 Muss das denn sein?

Ganz ohne Erwartung geht es nicht. Das wurde beim Lesen dieses Buches bestimmt deutlich. Denn auch wenn die Erwartungen noch so klein sind, sie schleichen sich immer ein. Das ist auch kein Problem, solange es gesunde Erwartungen sind, das bedeutet, angemessen und realistisch. Um das sicherzustellen ist es wichtig, dass wir uns unserer Erwartungen immer wieder bewusst werden. Wir müssen innehalten und prüfen, welche Erwartung wir an uns und unsere Kollegen oder das Umfeld allgemein haben. Besonders dann, wenn die eigenen Erwartungen wieder einmal nicht erfüllt wurden, kann es gut tun, zu prüfen, ob die Erwartungen überhaupt berechtigt und realistisch waren. Unter Umständen – und ich gehe davon aus, das wird häufig der Fall sein – müssen wir uns dann eingestehen, dass die Erwartungen nicht treffend gesetzt waren und korrigiert werden müssen. Das hört sich an, als wenn es pure Schönmalerei wäre, aber es hat durchaus einen heilsamen Effekt. Wenn ich nämlich erkenne, dass die Erwartungen, die ich an mich oder an andere hatte, nicht gerechtfertigt waren, dann fällt es mir auch leichter, damit umzugehen, dass diese nicht erreicht wurden. Ich muss mich also nicht so sehr darüber aufregen, ich habe weniger negative Gedanken und dadurch hebt sich meine Grundstimmung. Es ist also eine durchaus lohnenswerte Übung.

▶ Tipp 9   Bewusst Erwartungen registrieren und ihnen den Laufpass geben.

6.3   Neun Tipps zum Umgang mit fremden Erwartungen

Kommen wir nun zu ein paar Tipps zum Umgang mit fremden Erwartungen. Es werden Möglichkeiten aufgezeigt, wie mit fremden Erwartungen umgegangen werden kann und welche Wege es gibt, diese Erwartungen auch geradezurücken.

6.3.1   Der stete Tropfen höhlt den Stein

Was für mich gilt, nämlich, dass ich Erwartungen, die ich schon lange pflege, nur schwer ändern und loslassen kann, gilt natürlich auch für den anderen. Wenn es also heißt: „Mit dem Auftraggeber ist es immer so eine Sache. Er erwartet ständig Höchstleistung", dann kann davon ausgegangen werden, dass sich diese Erwartungshaltung nicht von heute auf morgen ändern lässt. Ich kann lediglich versuchen, in kleinen Schritten, immer wieder die Erwartungen des Gegenübers wahrzunehmen und anzusprechen. Unter Umständen täuscht ja meine Wahrnehmung, weil ich ein falsches Bild von ¨der anderen Person habe oder mein Gegenüber aktuell gestresst ist. Das ständige Ansprechen und Abgleichen der Erwartung und wiederholte Aufzeigen der eigenen Möglichkeiten kann zum Erfolg führen. Hier kommt ein Sprichwort zum Zuge „Der stete Tropfen höhlt den Stein".

▶ Tipp1   Keine Wunder erwarten, alles hat seine Zeit.

6.3.2   Konditionierung und Priming

Konditionierung und Priming wirken nicht nur bei einem selbst, sondern können auch gezielt eingesetzt werden, um Erwartungen der anderen zu beeinflussen. Jetzt liegt der Gedanke nahe, dass Beeinflussen und Manipulation doch sehr nahe aneinander liegen und hier die ethische Frage gestellt werden sollte, inwieweit die Manipulation anderer Menschen in Ordnung ist. Meine Antwort darauf ist einfach: Wir nutzen dieses Prinzip heute schon, nur nicht bewusst. Und besser ist es, etwas bewusst zu machen und abzuschätzen, was es bedeutet und was es für Auswirkungen haben kann, anstatt einfach blind ein Verhalten zu verfolgen, dessen Konsequenzen man nicht abschätzen kann. Und wie auch bei anderen Forschungsgebieten gilt hier: Es ist grundsätzlich etwas Hilfreiches, solange es nicht zu negativen Zwecken missbraucht wird. Im Zusammenhang mit dieser Methode spricht man auch von sozialer Kognition. Ein Ansatz mit Priming bewusst umzugehen, ist, sich zu überlegen, in welchem Kontext etwas angesprochen wird. Die Art und Weise wie ein Projekt oder eine Person vorgestellt wird, entscheidet darüber, welche Erwartungen auf der anderen Seite entstehen. Wird zu Beginn einer Besprechung noch im Smalltalk beispielsweise über die Ausgaben des Bereiches im Milliardenbereich gesprochen, so kann das einen Einfluss auf das in der Besprechung zu genehmigende Budget haben.

▶   Tipp 2   In welchem Kontext wird etwas gesagt.

6.3.3 Emotionen

Emotionen kommen und gehen. Die einen früher, die anderen später. Wenn die Erwartungen, die an mich oder zwischen zwei anderen bestehen, auf Emotionen basieren, dann bedeutet das im Umkehrschluss, dass hier auch ein Teil der Realität verzerrt und die Wahrnehmung beeinträchtigt ist. Lassen Sie mich ein sehr einfaches Beispiel aus dem privaten Bereich bringen, das jeder nachvollziehen kann. Wenn man verliebt ist, dann traut man dem anderen alles zu. Er kann alles, er macht alles, er ist der Beste. Schwächen oder negative Verhaltensmuster, die der andere hat, werden als situativ und als irrelevant für die neue Beziehung eingestuft. Anders, wenn die Beziehung auseinandergeht. Dann erwartet man nichts Gutes oder keine Unterstützung mehr von dem anderen. Im schlimmsten Fall wird hinter jedem Wort und jeder Aktion etwas Schlechtes vermutet. In der Realität wird jemand, der früher am Valentinstag nie Blumen verschenkt hat, dies auch in der neuen Beziehung nicht lange machen. Und wenn eine Beziehung auseinander geht, muss man nicht erwarten, dass der andere nur damit beschäftigt ist, sich zu überlegen, wie er einem schaden kann. Emotionen beeinflussen also die Wahrnehmung und damit auch die Erwartungen. Zurück zu unserem Projektalltag: Wenn ich spüre, dass die Erwartungen auf Emotionen basieren, dann kann es helfen, in einer neutralen Umgebung Gespräche zu führen. Vielleicht nehme ich auch eine neutrale Person mit dazu, die vermitteln kann, wenn aneinander vorbeigeredet wird. Das Ziel muss sein, den Ursprung der Emotionen zu erkennen und diese auszuklammern und bestenfalls ablegen zu können so dass wieder ein sachliches Gespräch stattfinden kann.

▶   Tipp 3   Emotionen entlarven und neutrale Person einbeziehen.

6.3.4 Selbsterfüllende Prophezeiung

Welche Kraft in der selbsterfüllenden Prophezeiung liegt, das haben wir bereits gehört. Im Zusammenhang mit den Erwartungen der anderen an mich kann das bedeuten, dass jemand mir Dinge nicht zutraut und daher versucht, alles hochzuspielen und zu dramatisieren.

Wenn ich jedoch das Prinzip hinter der selbsterfüllenden Prophezeiung verstehe, dann kann ich versuchen, hier gezielt dagegen zu wirken. Eine Möglichkeit ist, das direkte Gespräch zu suchen und anzusprechen, was für einen subjektiven Eindruck das Verhalten des Gegenübers auf mich hat. Hier empfehle ich, sich an die Lehre der gewaltfreien Kommunikation zu halten (Rosenberg 2013), damit das Gespräch nicht direkt eskaliert. Vielleicht liegt das Problem nicht in mir begründet, sondern den äußeren Umständen und ich finde so einen neuen Verbündeten. Wenn es an mir liegt, kann ich versuchen, durch verschiedene Maßnahmen, wie fachliches Coaching, Netzwerken oder ähnliches, die geäußerten Bedenken zu entkräften und daran zu arbeiten. Zugegeben, wenn jemand will, dass mein Projekt scheitert, dann wird es auch schwierig, von ihm Support zu bekommen. Aber im Großteil der Fälle werden die Menschen positiv überrascht sein, dass Sie direkt auf so ein Thema angesprochen werden und die weitere Zusammenarbeit wird deutlich angenehmer.

▶   Tipp 4   Die eigene Wahrnehmung gewaltfrei ansprechen.

6.3.5   Stereotypen

Diesen Abschnitt könnte man auch überschreiben mit „Ich glaube daran, deswegen ist das so" oder „Wo Senior drauf steht ist auch Senior drin". Diese Denkweise kennen wir nur allzu gut. „Von dir als guter PL hätte ich das nicht erwartet." oder „Warum muss ich einem Senior sagen, wie er zu arbeiten hat? Er sollte schließlich genug Erfahrung haben". Hier werden Schubladen auf und zu gemacht und Menschen entsprechend kategorisiert. Aufgrund der Rolle oder des Titels werden der Person Fähigkeiten zugesprochen. Schlimm sind Einstellungen wie: „Wenn der Projektleiter das so sagt, dann machen wir das und laufen wie die Lemminge hinterher". Noah Goldstein nennt dieses Verhalten Captainitis (Goldstein et al. 2009, S. 87). Der Begriff kommt tatsächlich aus der Fliegerei. Der Co-Pilot traut sich nicht, dem Kapitän zu wiedersprechen, denn er wird wohl Recht haben, schließlich ist er der Kapitän. Dieses blinde Vertrauen ehrt den Piloten, kann aber fatale Folgen haben. Aus dem Grund ist es wichtig, dass wir andere im Team motivieren, über die Rollen hinweg zu sehen und sich nicht dahinter zu verstecken. Nichts ist schlimmer, als wenn jemand der Meinung ist, man muss nicht mehr miteinander reden oder man hätte nichts zu sagen. Daher kann es helfen, andere gezielt nach ihrer Meinung zu fragen. Damit kann ich Betroffene zu Involvierten machen und ihnen die Möglichkeit geben, Feedback und damit ihre Erwartungen zu platzieren.

▶   Tipp 5   Out of the box, into the feedback.

6.3.6   Strukturen und Gewohnheiten

Wenn ich bestimmte Gewohnheiten an den Tag lege, schüre ich damit automatisch Erwartungen anderer an mich. Sei es in Bezug auf meine Arbeitsqualität, Arbeitszeit,

Einsatzbereitschaft oder anderes. Die Liste kann beliebig ergänzt werden. Ich kann somit also zu einem gewissen Grad selbst festlegen, welche Erwartungen die anderen an mich haben dürfen. Wenn ich immer „last minute" Aufträge annehme und zufriedenstellend erledige, werde ich auch weiterhin die erste Anlaufstelle für solche Aufträge bleiben. Hier hilft es auch mal zu gegebener Zeit „Nein" zu sagen.

▶   Tipp 6   Eigene Rituale prägen sich ein, auch bei anderen.

6.3.7   Mit dem zweiten Auge sieht man besser

Manchmal ist man auf einem Auge blind. Oder wie Martin Luther es so schön formuliert in seiner Übersetzung, „Was siehst du aber den Splitter im Auge deines Bruders, den Balken aber in deinem Auge bemerkst du nicht?" (Luther 1912). Das kann gefährlich werden, denn im Laufe der Zeit, und mit steigendem Stresspegel, verändert sich die eigene Wahrnehmung und damit auch das eigene Verhalten. Da kann es leicht passieren, dass wir die Aussage eines anderen als persönlichen Angriff werten, obwohl es als gut gemeintes Feedback oder neutrale Feststellung gedacht war. Hier kann es helfen, das eigene Verhalten durch einen externen Partner reflektieren zu lassen. Fragen, die hier gestellt werden können, sind:

• Wie ist die Wirkung meines Verhaltens auf den anderen?
• Reden wir aneinander vorbei?
• Wo herrscht Unzufriedenheit, evtl. aufgrund anderer Erwartungen?

Drei einfache Fragen, diskutiert mit einer Person die mir wohlgesonnen ist, kann viel Licht ins Dunkel bringen und helfen zu vermeiden, dass man sich immer weiter verstrickt und immer mehr Erwartungen unerfüllt bleiben. Und noch eines: „Das hätte ich von dir nie erwartet…" oder „Ich war schockiert, als ich das gelesen habe…" Solche Sätze können einem den Boden unter den Füßen wegziehen. Auch wenn solche Sätze vielleicht im Eifer des Gefechtes gefallen sind, so können Sie sehr kraftraubend sein, wenn man alleine versucht, die Sätze einzuordnen. Denn erst mal gilt es, die Wut zu überwinden, dann vielleicht die Frustration und zu guter Letzt wohl die Irritation. Ein Weg voller Missverständnisse – und nicht wenige geben unterwegs auf. Auch hier bietet es sich an, eine neutrale Person dazu zuziehen und deren Meinung zu hören, um einen besseren Eindruck zu bekommen, wie solch ein Spruch eingeordnet werden muss. Und damit kommen wir auch schon zum nächsten Tipp.

▶   Tipp 7   Externes Feedback einholen.

6.3.8   Du bist du

Gerade in einem komplexen Projektumfeld mit vielen Stakeholdern ist es nahezu unmöglich, es allen recht zu machen. Während die eine Person Wert auf Benutzerführung in der

Anwendung legt, so möchte der Nächste gerne jegliche Flexibilität und Konfigurations-
möglichkeit in der Anwendung und der Dritte eine wartungsfreundliche Anwendung mit
möglichst wenig Komplexität haben. Und das alles zum gleichen Release mit begrenztem
Budget. Das kann nicht funktionieren. Bestimmt kennt jeder von uns schon solche oder
ähnliche Situationen. Verabschieden wir uns von dem Gedanken, es jedem recht machen
zu wollen. Das kostet uns nur eine Unmenge an Kraft und Zeit. Und ob es letzten Endes
gelingt, oder ob wir dadurch nicht die Ungunst anderer auf uns ziehen, weil wir uns verbiegen, ist dann noch ein anderes Thema. Wichtig ist meiner Meinung nach, dass wir nicht
pauschal alle anderen Meinungen abtun oder alle Erwartungen erfüllen wollen, sondern
prüfen, was berechtigt und relevant ist (vgl. Tipp 8). Manchmal sollten wir über Veränderungen nachdenken. Manchmal engt der Versuch, sich anzupassen, uns in unserem Handlungsspielraum ein und wir müssen „Nein" sagen. Diese Disharmonie gilt es dann auszuhalten.

▶   Tipp 8   Du musst nicht jedem gefallen.

6.3.9   Prioritäten setzen

Wenn ich schon weiß, dass ich nicht allen Erwartungen gerecht werden und allen gefallen
kann und muss, dann sollte ich mir überlegen, wessen Meinung mir wichtig ist, wessen
Erwartungen ich erfüllen möchte und auch kann. Hierzu kann ich eine einfache MindMap
auf einem Stück Papier während der Zugfahrt machen. Welche Personen sind in meinem
engeren privaten oder geschäftlichen Umfeld? Wer mag, kann die Kontakthäufigkeit oder
die Berührungspunkte im Alltag durch die Anordnung der Namen darstellen. Je näher man
einen Namen zu sich platziert auf der MindMap, umso enger ist die Zusammenarbeit. Die
Relevanz kann auch durch die Dicke der Verbindungsstriche dargestellt werden. Zu jeder
Person schreibt man dann die bekannten oder vermuteten Erwartungen auf, die andere an
einen haben. Jetzt können die Personen grün eingerahmt werden, auf die ich mich fokussie-
ren möchte bei der Erfüllung meiner Erwartungen. Erwartungen von Personen, die ich nicht
erfüllen kann oder will, weil sie gegen mein persönliches Naturell sprechen, rahme ich blau
ein. Für den ein oder anderen mag sich die Übung albern anhören und auf den ersten Blick
keinen Mehrwert bringen. Wenn ich meine Liste nun aber anschaue und die Rollen, die die
jeweiligen Personen innehaben dazu in Betracht ziehe, dann kann das zur Folge haben, dass
ich mir unter Umständen ernsthaft überlegen muss, ob das Projekt in dem Setup das Richtige für mich ist. Vielleicht muss ich mich so verbiegen, dass ich nicht mehr ich selbst sein
kann. Damit bekomme ich dann unter Umständen das Probleme, dass ich mir ein Verhalten
auflade, das dazu führt, dass ich beispielsweise morgens nicht mehr in den Spiegel schauen
kann oder nicht mehr motiviert bin, um aufstehen zu können.

▶   Tipp 9   Mind the Gap.

Literatur

Boris Gloger; Dieter Rösner. (2014). *Selbstorganisation braucht Führung*. München: Hanser.

Lohmann, F. (2003). *Konflikte lösen mit NLP*. Paderborn: Junfermannsche Verlag.

Noah J. Goldstein, Steve J. Martin, Robert B. Cialdini. (2009). *Yes! Andere überzeugen - 50 wissenschaftlich gesicherte Geheimrezepte*. Bern: Huber.

Rosenberg, M. B. (2013). *Gewaltfreie Kommunikation*. Paderborn: Junfermann.

Zusammenfassung 7

Zusammenfassung

In diesem Kapitel werden noch einmal die Kernaussagen jedes einzelnen Kapitels zusammengefasst. Dabei kann es dem Leser als Erinnerung und Auffrischung des Gelesenen dienen. Es kann aber auch dazu genutzt werden, um noch einmal gezielt nach den Inhalten einzelner Kapitel zu suchen. Zudem wird am Ende des Kapitels nochmals eine Zusammenstellung von Anwendungstipps und Vorgehensweisen angeboten.

Es gibt verschiedene Begriffe, die im Zusammenhang mit Erwartungen fallen. Sie alle stehen in einem Zusammenhang mit den Erwartungen und beleuchten diesen Aspekt von unterschiedlichen Seiten. Seien es die Hoffnung und der Wunsch, die jeweils eine Aussage darüber machen, dass die Wahrscheinlichkeit eher gering ist, dass etwas eintritt und man selbst auch wenig Einfluss darauf hat. Das Gegenteil hierzu bilden die Überzeugung und die Gewissheit, bei denen kein Zweifel herrscht, dass etwas so ist oder eintritt. Anforderungen haben wir von den Erwartungen abgegrenzt, indem wir mit Erwartungen in erster Linie das soziale Verhalten von Personen verbinden. Die Motivation stellt den Motor und das Ziel den Grund unserer Erwartung dar.

Erwartungen können in fünf Kategorien eingeteilt werden:

1. Selbstwirksamkeitserwartung, die in erster Linie von sich an sich selbst gerichtet ist
2. Ergebniserwartung, die durch das eigene Handeln ein Ergebnis erzielen möchte
3. Instrumentalitätserwartung, die durch das Handeln indirekten Einfluss nehmen möchte
4. Kontrollüberzeugung, die durch das Handeln steuern möchte und
5. Attribution, also das Stereotypendenken

© Springer Fachmedien Wiesbaden GmbH 2016
S. Lange, *Erwartungsmanagement in Projekten*,
DOI 10.1007/978-3-658-15615-2_7

Neben diesen fünf Kategorien können aber noch drei Ausprägungen unterschieden werden: die Optimisten, die Pessimisten und die Realisten. Sie unterscheiden sich in ihrer Sicht auf die Dinge und ihrer Einstellung, was auch Einfluss auf ihr Handeln hat. Allen gemeinsam ist, dass für sie das Prinzip der selbsterfüllenden Prophezeiung gilt. Wer positiv an eine Sache ran geht, wird auch positives erleben.

Im Projektalltag begegnen uns immer wieder Erwartungen. Diese können in unterschiedliche Richtungen gerichtet sein. Aus dem Grund unterscheiden wir hier vier Dimensionen:

- Erwartungen, die ich an mich habe
- Erwartungen, die ich an andere habe
- Erwartungen, die andere an mich haben
- Erwartungen, die andere an andere haben

Zu allen vier Dimensionen wurden unterschiedliche Praxisbeispiele aufgezeigt und diskutiert. Dabei wurde bewusst die Unterscheidung in die verschiedenen Kategorien von Erwartungen wieder aufgegriffen, um die verschiedenen Ansatzpunkte je Erwartungsart aufzuzeigen. Neben den Merkmalen der Erwartungen wurden auch Methoden für den Umgang aufgezeigt und mögliche Konsequenzen, was passieren kann, wenn die Erwartungen erfüllt oder eben nicht erfüllt werden. Begleitet hat uns durch das Kap. 4 ein fiktives Projekt mit deren Projektleiterin Monika, um die Thematik zu veranschaulichen und den Alltagsbezug herzustellen.

Um zu verstehen, warum jeder Mensch andere Erwartungen hat und woher das kommt, wurde in dem Kap. 5 nochmals theoretisch beleuchtet, wie Erwartungen eigentlich gebildet werden. Von den groben Abläufen im Gehirn, über die Wahrnehmung und individuelle Prägung bis hin zum Charakter. Außerdem wird auch darauf eingegangen, ob ein Verhalten im Charakter begründet ist, was dann schwer zu ändern wäre, oder ob es eher ein situatives Handeln ist und damit leichter veränderbar ist.

Zu guter Letzt haben wir im Kap. 6 gesehen, was passieren kann, wenn wir Erwartungen nicht ernst nehmen. Dann steigen wir in das sogenannte Erwartungs-Karussell und haben unter Umständen Mühe, dort wieder auszusteigen. Um das zu vermeiden, wurden im Anschluss jeweils neun Tipps aufgeführt, wie mit den eigenen Erwartungen und den Erwartungen der anderen umgegangen werden kann. Diese Tipps bilden zum Teil eine Ergänzung zu dem vorherigen Kap. 4, in dem die vier Dimensionen beleuchtet wurden; zum Teil sind es auch Konkretisierungen.

Da Grafiken immer besser in Erinnerung bleiben als Texte, möchte ich Ihnen an dieser Stelle die 9+9 Tipps noch als grafische Gedankenstütze mitgeben (vgl. Abb. 7.1).

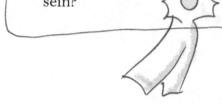

* Bewusst korrigieren
* Konditionierung und
  Priming
* Attributionstheorie nach
  Kelley
* Emotionen
* Selbsterfüllende
  Prophezeiung
* Placeboeffekt
* Realität akzeptieren
* Du bist du
* Muss das denn
  sein?

* Der stete Tropfen
  höhlt den Stein
* Konditionierung und
  Priming
* Emotionen
* Selbsterfüllende
  Prophezeiung
* Stereotypen
* Strukturen und
  Gewohnheiten
* Mit dem zweiten Auge
  sieht man besser
* Du bist du
* Prioritäten setzen

Abb. 7.1 Tipps zum Umgang mit Erwartungen

Fazit

8

Zusammenfassung

Es wird kurz und prägnant dargestellt, was die wichtigsten Erkenntnisse sind, die man nach dem Lesen des Buches gewonnen hat und warum es sich lohnt, das Buch zu lesen.

Für alle, die von hinten anfangen das Buch zu lesen, um zu sehen, ob es sich für Sie lohnt, sei Folgendes zusammenfassend gesagt:

Erwartungen gehören in einem Projekt gemanagt, und zwar nicht nur vom Projektleiter, sondern vom ganzen Team. Im Rahmen des Projekt-Set-ups oder des Team Buildings kann das Thema Erwartungsmanagement in einem Workshop erarbeitet werden. Ziel des Workshops ist die Ermittlung, Abstimmung und Vereinbarung der Gruppenerwartungen. Dabei können die gemeinsamen Spielregeln vereinbart und festgelegt werden. Ausgangspunkt dabei sind die individuellen Erwartungen, die im Rahmen des Workshops zu einer gemeinsamen Sicht überführt werden. Erfahrungsgemäß tun sich Menschen etwas schwer, erstmals über ihre Erwartungen zu sprechen. Gute Erfahrungen habe ich hier mit spielerischen Methoden gemacht, sei es mit Lego Serious Play® oder Storytelling.

Unterm Strich gilt es aber für mich immer bei jedem Projekt folgende Punkte zu berücksichtigen. Und zwar nicht nur zu Beginn eines Projektes, sondern fortlaufend:

- Implizite Erwartungen in explizite umwandeln
- Nichts voraussetzen, was nicht explizit vereinbart ist
- Nichts erwarten, was dem anderen unmöglich ist zu erfüllen
- Spielregeln definieren und explizit vereinbaren

© Springer Fachmedien Wiesbaden GmbH 2016
S. Lange, *Erwartungsmanagement in Projekten*,
DOI 10.1007/978-3-658-15615-2_8

Niemand anders ist dafür verantwortlich, dass deine Erwartungen, sei es an dich oder an andere, erfüllt werden, als du. Aus dem Grund ist es für mich so wichtig, sich besonders in turbulenten Zeiten immer wieder einen Moment Zeit zu nehmen, um mir Gedanken über meine Erwartungen zu machen. Und solche Übungen sind gerade zu Beginn, wenn sie noch ungewohnt sind, eher schwierig und brauchen Zeit. Und das ist ja genau das, was wir nicht haben, wenn es heiß hergeht. Aus dem Grund ist mein Rat: Jetzt, wo Sie Zeit haben, dieses Buch zu lesen und alles noch frisch ist, fangen Sie genau jetzt an. Machen Sie sich Gedanken, prüfen Sie ihre Erwartungen. Erwartungen die Sie an sich selbst haben und auch an andere in ihrem Arbeitsumfeld, oder auch in der Familie, im Freundeskreis oder im Verein. Beobachten Sie für eine Zeit lang ihr Verhalten und das der anderen. Machen Sie sich Notizen. Reflektieren Sie und suchen Sie den Austausch. Auf diese Art und Weise wird für Sie der Umgang mit dem Thema vertraut und Sie können ihn in ihren Alltag einflechten. So wie Sie ihre Stakeholdermatrix und Risikoliste immer wieder überprüfen, nehmen Sie nun auch ihre wahrgenommenen Erwartungen mit dazu. Und vergessen Sie nicht, darüber zu reden. Denn niemand kann Gedanken lesen und keiner „fühlt wie ich denke". Also erwarten Sie nicht, dass andere wissen, was ihre Erwartungen sind.

In dem Sinne wünsche ich denen, die hinten angefangen haben zu lesen, viel Spaß beim Lesen des restlichen Buches. All denen, die tapfer bis zum Schluss durchgehalten haben, wünsche ich ein gutes Gelingen und viel Erfolg im „Projektwahnsinn".

Nachwort

Ich musste feststellen, dass beim Schreiben des Buches ein Absatz genau zweimal vorkommt. Das ist kein Test und auch kein copy & paste-Fehler. Ich finde den Abschnitt einfach so treffend, dass er an zwei Stellen gepasst hat. Und da ich mir für den Leser wünsche, dass er sich von den Worten motivieren lässt, habe ich es drinnen gelassen.

Und noch etwas: Erwartungen sind für mich die Königsdisziplin im Projektmanagement. Und es ist ein weiter Weg, um das Erwartungsmanagement zu beherrschen. Es gibt hier viel zu lernen, viele Fehler zu machen, aufzustehen, Krone zu richten und weiter zu machen. Am besten lernt man zu diesem Thema aus den eigenen Fehlern. Und dazu möchte ich motivieren: Mut haben zum Fehler machen und vor allem im Anschluss die Stärke zeigen, aus seinen Fehlern zu lernen. Das bedeutet nicht, naiv alles anzunehmen und zu schauen was passiert. Aber ausprobieren kann auch bedeuten, einmal gezielt mit jemanden über seine Erwartungen zu reden und zu schauen, was dann passiert. Oder wer damit lieber noch nicht direkt auf andere zugeht, der kann sich selbst einmal fragen, welche Erwartungen habe ich an mich und an andere? Inwieweit beeinflussen diese Erwartungen mein Fühlen, Denken und Handeln. Allein dieser erste Schritt bei sich selbst kann dazu führen, dass sich eine Verhaltensänderung einstellt. Diese bleibt nicht unbemerkt und das Umfeld wird darauf reagieren. Keiner ist für mich und mein Verhalten verantwortlich außer mir selbst. Und ändere ich mich, so zwinge ich meine Umwelt, sich auch zu ändern, beziehungsweise darauf zu reagieren. Und genau dazu möchte ich einladen. Aber immer unter dem Vorbehalt: Bleiben Sie sich selbst treu. Sie müssen niemand anderen nachahmen. Die Kombination aus Stärken und Schwächen in der Ausprägung wie Sie sie haben, ist einzigartig und gut so.

© Springer Fachmedien Wiesbaden GmbH 2016
S. Lange, *Erwartungsmanagement in Projekten*,
DOI 10.1007/978-3-658-15615-2

In dem Sinne, alles Gute für den weiteren Weg mit den Erwartungen, den eigenen und derer der anderen.

> Wanderer, es gibt keinen Weg
> Wanderer, Deine Fußspuren
> sind der Weg und sonst nichts.
> Wanderer, es gibt keinen Weg.
> Der Weg entsteht beim Gehen.
> Beim Gehen entsteht der Weg
> und wendest Du den Blick zurück,
> so siehst Du die Spur,
> die niemals wieder begangen wird.
> Wanderer, es gibt keinen Weg
> sondern nur Kielspuren im Meer.
>
> (Antonio Machado)

Sachverzeichnis

© Springer Fachmedien Wiesbaden GmbH 2016
S. Lange, *Erwartungsmanagement in Projekten*,
DOI 10.1007/978-3-658-15615-2

Printed in the United States
By Bookmasters